Y

LE ROMAN

DU SAINT-GRAAL

Cette édition, imprimée aux frais de MM. Gustave Brunel et Francisque Michel, a été tirée à trois cents exemplaires.

LE

ROMAN DU SAINT-GRAAL

PUBLIÉ POUR LA PREMIÈRE FOIS

D'APRÈS UN MANUSCRIT DE LA BIBLIOTHÈQUE ROYALE

PAR FRANCISQUE MICHEL

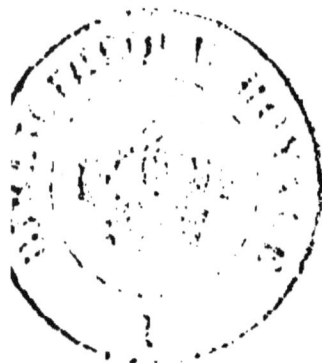

A BORDEAUX

DE L'IMPRIMERIE DE PROSPER FAYE

M DCCC XLI

A MES AMIS

PAULIN PARIS

FREDERIC MADDEN

ET

FERDINAND WOLF

NOTICE.

—

Il existe un petit nombre de fidèles (Dieu les sauve et garde!) qui mettent dans leur bibliothèque la poésie du treizième siècle, de préférence aux vers et à la prose que fabrique sans relâche la première moitié du dix-neuvième : c'est pour ces gens de bien, et non pour d'autres, que nous avons fait imprimer le texte, demeuré jusqu'à ce jour inédit, du Roman du Saint-Graal, d'après le manuscrit de la Bibliothèque Royale, Saint-Germain françois, n° 1987 [1].

Il n'y a pas grand'chose de neuf à dire sur cette légende célèbre, après les savantes recherches que lui ont consacrées chez nous MM. Paulin Paris [2] et le Roux de Lincy [3], et en Allemagne, MM. F. W. V. Schmidt [4] et A. Schulze [5]; nous allons toutefois en donner un sommaire rapide [6].

Joseph d'Arimathie, disciple de Jésus-Christ, ayant appris que son divin maître étoit mort sur la croix, se rendit dans la

maison où le Sauveur avoit célébré la cène,
et il s'empara du vase dont Jésus s'étoit servi
pour boire et pour rompre le pain. Lorsque
le corps fut descendu, c'est dans ce calice ou
graal[1] que Joseph recueillit les gouttes de
sang qui tombaient des plaies[2]. Il conserva
toujours avec vénération une aussi précieuse
relique; elle conféroit à son possesseur de
bien grands privilèges, celui, entre autres,
d'être en communication directe avec Dieu.

Après la mort de Jésus, les Juifs retinrent
en prison, durant quarante-deux ans, Joseph
d'Arimathie; il en fut pourtant délivré grâces
aux victoires de Vespasien, vécut plus de deux
siècles, et ne mourut qu'après avoir mis en
possession du Saint-Graal son neveu[3], nommé
Alain.

Telle est en abrégé la légende basée sur
l'évangile apocryphe de Nicodème.

Un des premiers missionnaires qui vinrent
en Angleterre prêcher le christianisme, se
nommoit Josephe. A ces époques d'igno-
rance et de foi crédule, il ne fallut pas
beaucoup de temps et beaucoup de peine pour
faire de cet apôtre de la Grande-Bretagne le
fils du personnage de l'Évangile.

Ces traditions introduites de bonne heure [9] dans le cycle des épopées bretonnes, s'y développèrent, et Joseph d'Arimathie se trouva l'ancêtre d'Arthur et des chevaliers de la Table-Ronde.

C'est au douzième siècle que Gautier Map, théologien habile et chapelain du roi d'Angleterre Henri II [10], rédigea en latin le Roman du Saint-Graal, pour obéir aux ordres de ce monarque qui voulait réunir les chants, les lais des bardes bretons. Map dut choisir au milieu des récits populaires, les coordonner, et sans doute il y ajouta du sien.

Son travail fut mis en françois par Robert de Borron [11].

Ces deux auteurs eurent la hardiesse (et peut-être leur audace n'excluoit-elle pas une certaine bonne foi) de donner à l'histoire du Saint-Graal une origine surnaturelle : Dieu même, selon eux, en étoit le véritable auteur, et c'est vers l'an 707 ou 717 que fut placée l'époque de cette révélation [12]. Il est vrai que, revenant quelquefois sur leur téméraire assertion, ils avouent que l'histoire *est extraite de toutes les ystoires.*

Le président Fauchet[13], la Croix du Maine[14], du Verdier[15], M. Van Praet[16] et les auteurs de la Bibliothèque universelle des Romans[17], font honneur de la composition d'un poème sur le Saint-Graal, à Chrestien de Troyes, trouvère du douzième siècle ; mais il y a ici confusion : ce prétendu *Romans du Graal* dont parle le plus ancien de ces écrivains et dont il cite les treize premiers vers, n'est autre chose que celui de Perceval le Gallois, dans lequel se trouvent les dernières aventures du Saint-Graal. C'est donc de ce dernier roman, et de celui-là seulement, qu'il est question dans les vers suivants :

> Oï avés des Troiiens
> Et du remant que Crestiens
> Trova si bel de Perceval,
> Des aventures du Graal,
> Où il a maint mot delitable[18].

Avant nous, M. de Roquefort avoit signalé, à plusieurs reprises[19], l'erreur accréditée par Fauchet et ses copistes : aussi n'avons-nous pas été médiocrement étonné de la trouver reproduite dans le travail de M. le Roux de Lincy, si estimable d'ailleurs[20].

Si l'on n'est pas fondé à attribuer le poème

que nous publions, à Chrestien de Troyes, il
est encore moins permis de lui assigner pour
auteur un anonyme en société avec *Gautier
Aupeis*, qui ne doit son existence qu'à une
méprise de M. l'abbé de la Rue [21], et qui
n'a jamais été cité nulle part que comme le
héros d'une aventure amoureuse [22]. Nous
ne pensons pas non plus qu'il faille lire, au
lieu d'*en peis*, que porte le texte et qui est
fort intelligible, *Maupais*, comme le propose
M. Amaury-Duval [23] : 'c'est dire que nous
ignorons complétement le nom du trouvère
qui a mis en rimes le Roman du Saint-Graal,
et que le fragment qui nous en reste ne nous
donne aucun moyen de le connoître.

Je crois avoir dit que le manuscrit de la
Bibliothèque Royale, où se trouve ce mor-
ceau, est unique; quant aux manuscrits du
roman en prose, ils ne sont pas bien rares :
l'établissement dont nous venons de parler
en possède plusieurs sous les n°ˢ 6769, 6770,
6772, 6777, 6782, 6784, 6788 et 8188 [24].
Voyez, au reste, le tome Iᵉʳ des *Manuscrits
françois* de M. Paulin Paris, que nous som-
mes heureux de pouvoir citer de nouveau.

Il existe un roman du Saint-Graal en an-

glois; il fut écrit par Henri Lonelich, sous
le règne d'Henri VI', et contient la traduc-
tion de la première partie du Saint-Graal,
relative à Joseph d'Arimathie, etc., et le Ro-
man de Merlin. Peut-être renferme-t-il éga-
lement la deuxième partie, c'est-à-dire la
Quête du Saint-Graal, ou le Lancelot; mais
nous ne sommes pas en mesure de pouvoir
l'affirmer. Nasmith a donné, avec des ex-
traits, la description du manuscrit de Cam-
bridge qui nous a conservé cet ouvrage [26].

L'histoire du Saint-Graal, rajeunie, fut
imprimée à Paris en 1516, par Jehan Petit,
Galiot du Pré et Michel le Noir, en un vo-
lume petit in-folio, gothique, de 4 feuillets
liminaires et de ccxxxi feuillets chiffrés. En
1784, un exemplaire s'en vendit 24 livres
seulement, chez le duc de la Vallière; en 1812,
il s'en paya un 17 livres sterling, 17 shil-
lings, chez le duc de Roxburghe (revendu 10
livres sterling, 10 shillings, chez Lang, en
1828, n° 1071). Depuis il en a été adjugé, à
Paris, à 150 francs, vente Luguet, en 1836,
n° 651; et à 231 francs, vente M..., en 1836,
n° 398.

Philippe le Noir en donna à Paris, en

1523, une réimpression qui est tout aussi rare que l'édition originale, et dont un exemplaire a été poussé à 12 livres sterling, 12 shillings, en 1834, à la vente de l'immense collection de Richard Heber (part. Ire, n° 3179). ˴

Après avoir lu ces détails, si l'on avoit besoin d'une autre preuve de la popularité de l'histoire du Saint-Graal, nous dirions qu'au moyen-âge elle a fourni le sujet d'une tapisserie historiée. Nous voyons en effet dans l'inventaire des richesses du roi Charles V, qu'il possédoit, entre autres *tappiz d yma-ges*, celui du *Saint-Graal*[26].

Nous pourrions sans doute donner beaucoup plus d'étendue à cette notice, mais à quoi bon? Le lecteur, curieux de plus amples détails, recourra aux ouvrages que nous lui avons indiqués au commencement de notre travail, et il ne lui restera plus rien à apprendre. D'ailleurs nous avons en mémoire la parole du poète :

Striving to better, oft we mar what's well.

(*King Lear*, act I , sc. IV.)

NOTES.

—

1 Il existe une description succincte et assez peu exacte de ce volume, dans l'*Histoire littéraire de la France*, tome XV, p. 245.

2 *Les Manuscrits françois de la Bibliothèque du Roi.* I. Paris, Techener, 1836, in-8°, p. 160-211.

3 *Analyse critique et littéraire du Roman de Garin-le-Loherain, précédée de quelques Observations sur l'Origine des Romans de Chevalerie.* Paris, Techener, 1835, in-12, p. 7-9; *Légende d'Hippocrate. Extrait de la Revue française (Mai et Juin 1839)*, p. 11 et 12; *Essai historique et littéraire sur l'Abbaye de Fécamp.* Rouen, Edouard Frère, 1840, in-8°, p. 95-138.

4 *Ueber die Gral-Romane*, dans les *Wiener Jahrbücher der Literatur*, vol. XXIX, p. 71 et suivantes. C'est un travail très consciencieux, mais l'auteur ne connoît que les romans en prose.

5 *Der Mythus vom heiligen Gral*, article signé *San-Marte* et inséré dans le *Neue Mittheilungen aus dem Gebiet historisch-antiquarischer Forschungen. Herausgegeben von dem Thüringisch-Sæchsischen Verein für Erforschung des vaterlændischen Alterthums.* Dritter Band. Drittes Heft. Halle, 1837, in-8°, p. 1—38. C'est, en allemand, le meilleur travail sur la matière qui nous occupe.

Görres, dans l'introduction de son édition du *Lohengrin*, traite du mythe du Saint-Graal.

M. de Hammer en fait autant dans son ouvrage intitulé *Ueber die Baphometslehre*, qui forme le sixième volume de ses *Fundgruben des Orients*.

Büsching est auteur d'un article très-superficiel, intitulé *Der heilige Graal und seine Hüter*, et inséré dans le *Museum für altdeutsche Kunst und Literatur*, vol. I, p. 491 et suivantes.

Voyez aussi, relativement aux poèmes allemands qui ont trait au Saint-Graal *, l'excellent résumé de Koberstein, dans son *Grundriss der Geschichte der deutschen National-Literatur*, troisième édition. Leipzig, 1837, § 86; et le travail plus spirituel qu'exact de Rosenkranz, dans son *Geschichte der deutschen Poesie im Mittelalter*. Halle, 1830, p. 209-307. Le même auteur a donné un aperçu du cycle du Saint-Graal, en général, dans son *Handbuch einer allgemeinen Geschichte der Poesie*. Halle, 1832, vol. II, p. 83-88.

Voyez enfin *Minnesinger, herausgegeben von von der Hagen*. Leipsic, 1838, in-4°, vol. IV, p. 571-575.

---

* Ces romans sont ceux de Titurel et de Perceval, composés au commencement du XIIIe siècle par Wolfram d'Eschenbach. Ce minnesinger prétend avoir suivi l'œuvre d'un romancier provençal, qu'il désigne par le nom de Kyot. —« The German romances on the story of the Saint-Graal (to be noticed hereafter) are derived from an Arabic source, through the medium of the Provençal. » *The History of English Poetry*, édition de 1840, vol I, p. (18), note. Voyez aussi p. (53)-(66).

M Fauriel, s'armant du témoignage de Wolfram, s'est attaché à prouver que la plus ancienne rédaction connue de la fable poétique du Graal, en tant du moins que cette fable est renfermée dans les aventures de Titurel et de Perceval, appartient aux poètes provençaux du XIIe siècle. Voyez la *Revue des deux Mondes*, huitième volume. 15 octobre. — 2e livraison, p. 183-189.

Pour les versions flamandes, voyez les *Horæ Belgicæ*
d'Hoffmann, tome I, p. 54-57; et l'ouvrage de Mone, in-
titulé : *Uebersicht der niederlændischen Volksliteratur
ælterer Zeit.* Tübingen, 1838, p. 72, 73.

Quant aux versions en langues du nord, recourez à
Nyerup, *Almindelig Morskabslæsning i Danmark og
Norge.* Copenhague, 1816, p. 115-133.

⁶ Les gens du monde qu'effraye l'érudition, peuvent
recourir à un article sur le Graal dans le *Magasin pitto-
resque*, troisième année, 1835, p. 259. Il commence
ainsi : « Le graal joue un grand rôle dans les légendes du
moyen âge; voici son histoire imaginaire. »

⁷ Voyez, sur la valeur exacte de ce mot, le Glossaire
de la Langue romane de Roquefort, t. I, p. 702, col. 2;
et le Lexique roman de M. Raynouard, t. III, à Paris,
chez Silvestre, 1840, in-8°, p. 501, col. 1. Ce dernier sa-
vant dit qu'on trouve *gresal* dans l'ancien catalan, et *grial*
dans l'ancienne langue espagnole; il eût pu dire qu'on
trouve également *garral* * et *greal* ** dans celle-ci.

⁸ Voici la liste des auteurs qui fournissent des maté-
riaux pour l'histoire de ce vase précieux, que plusieurs

* Escudillas, sartenes, tinajas, è calderas,
  Cañadas, è barriles, todas cosas caseras
  Todo lo fase lavar à las sus lavanderas,
  Espectos, et *garrales*, ollas, è coberteras.
(*Poesias del Arcipreste de Hita*, copla 1149.— *Coleccion de Poesias cas-
tellanas anteriores al siglo XV.... Por D. Tomas Antonio Sanchez.* Tome
IV. En Madrid : por Don Antonio de Sancha. Año de M. DCC. XC.
in-8, p. 189.)

** Voyez, au glossaire du t. IV de la collection de Sanchez, le mot
Greal, qui renvoie au passage que nous venons de citer.

villes, entre autre Gênes et Lyon, se vantoient de posséder :

MICHAUD. — *Histoire des Croisades*, quatrième édition, Paris, 1825, in-8°, t. II, p. 30; et *Bibliothèque des Croisades*, t. I, p. 525.

C. LE LABOUREUR. — *Les Masures de l'Abbaye royale de l'Isle Barbe les Lyon...* A Lyon, de l'imprimerie de Claude Galbit, M. DC. LXV. in-4°, chap. II, § VIII et IX, p. 10, 11. Il y cite *Hist. de la Rebeyne de Lyon; Molina de institut. Sacerdot. Tract. I. cap.* 14; *Guillaume de Tyr. lib.* 10. *chap.* 16; *Math. Paris lib.* 1; (le vénérable Bède) *De situ urbis Hierus. cap.* 2; *Anastas. Biblioth. passim.*

MILLIN. — *Magazin encyclopédique*, Janvier 1807, p. 137-150; article tiré à part et très rare.

MARION DU MERSAN. — Article VASES de l'*Encyclopédie moderne* de Courtin, tome XXIII°, 1831, in-8°, p. 390; et *Histoire du Cabinet des Médailles, Antiques et Pierres gravées...* Paris, chez l'auteur, 1838, in-8°, p. 178, 179.

J. B. B. ROQUEFORT. — *Glossaire de la Langue romane*, t. I, p. 703, col. 1-p. 706, col. 2.
Fra Gaetano de Sainte-Thérèse, augustin déchaussé de Gênes, a publié, en 1727, sur le *sacro catino*, un ouvrage qui est assez rare. Millin en a donné le titre et l'analyse.

9 « The St. Graal is a work of great antiquity, probably of the eighth century. There are Welsh Mss. of it still existing, which, though not very old, were probably copied from earlier ones, and are, it is to be presumed, more genuine copies of the ancient romance, than any other extant. — [DOUCE.]» *The History of English Poetry*, édition de 1840, p. xiii, note g.
Voyez, au sujet du Saint-Graal gallois, le *Cambro-Briton*

Dictionary de Davis ; l'*Archæologia Britannica* d'Edward Lhuyd, vol. I. Oxford, printed at the Theater for the Author, MDCCVII. in-folio, p. 262, col. 1, et p. 265, col. 2, tit. vii. *Lhyvyr y Greal ;* et *The English, Scotch and Irish historical Libraries...* By William Nicolson, late Bishop of Carlisle. London, printed for G. Strahan, etc. M. DCC. XXXVI ; in-folio, p. 91.

10 Voyez, sur cet auteur, l'*Histoire littéraire de la France*, t. XV, p. 496-497 ; et t. XIX, p. 688, en note.

11 Voyez, sur ce nom, que Ritson et Sir Walter Scott penchent à croire supposé, la note (67) de l'introduction de notre recueil intitulé *Tristan*, t. I, p. ciii. On trouve un *R. de Berron* nommé en 1231 dans les *Établissements et Coutumes, Assises et Arrêts de l'Échiquier de Normandie...* par M. A. J. Marnier. Paris, Techener, 1839, in-8°, p. 157.

Il y a un autre *Buron* nommé dans les *Mémoires sur l'ancienne Chevalerie*, de la Curne de Sainte-Palaye, édition de M. Charles Nodier, t. II, p. 409.

12 Cette date s'accorderoit assez avec celle que Pitts assigne à la première composition relative au cycle du Saint-Graal : « Pitts mentions an anonymous writer under the name of EREMITA BRITANNUS, who studied history and astronomy, and flourished about the year 720. He wrote, besides, a book in an unknown language, entitled, *Sanctum Graal, De Rege Arthuro et rebus gestis ejus.* Lib. I. *De Mensa rotunda et* STRENUIS EQUITIBUS. Lib. I. See Pitts, p. 122. Bale, X. 21. Usser. Primord. p. 17. This subject could not have been treated by so early a writer. [" Why so," says Mr. Ashby, " if Arthur reigned in 506 ? "—PARK.]» *The History of English Poetry*, édition de 1810, vol. I, p. x, note b.

Voyez aussi les *Essais historiques sur les Bardes, les Jongleurs et les Trouvères,* par M. l'abbé de la Rue. Caen, Mancel, 1834, in-8°, t. II, p. 224.

[13] *Les OEuvres de feu M. Claude Fauchet, premier président en la cour des monnoyes.* A Paris, par David le Clerc, M. D C.X. in-4°, t. II, folio 558 verso.

Fauchet ajoute : « Il appert que ledict Christien a nommé un de ses œuvres, le Romans du Graal, puisqu'il dit :

Christians qui entent et paine
A rimoyer le meillor conte,
Par le commandement le Comte,
Qu'il soit contez en cort royal.
Ce est li contes del Graal,
Dont li quens li bailla le livre.

Ce qui monstre que partie des Romans ont esté en prose premier qu'en ryme. »

[14] *Bibliothèque françoise,* édition de Rigoley de Juvigny, t. I, p. 120.

[15] *Bibl. françoise,* édit. du même, t. III, p. 315, 319.

[16] *Catalogue des Livres de la Bibliothèque de feu M. le Duc de la Valliere,* première partie, t. II, p. 210, n° 2729.

[17] Août, 1775, p. 89. L'analyse du Roman du Saint-Graal, y compris une notice préliminaire, occupe les pages 88-110. On y lit, p. 90 : « Les Manuscrits du Saint-Gréaal en vers, sont fort rares. Feu M. de Barbazan a donné la notice d'un qui est à la Bibliothèque de Saint-Germain-des-Prés. Il paroît, par l'extrait qu'il donne de ce Manuscrit, qu'il remonte infiniment plus haut que le Roman en prose, puisqu'il commence par la Généalogie de Jésus-

Christ, et contient, fort en abrégé, l'Histoire Sainte, jusqu'à la Passion et la Résurrection.» Cette notice, qui n'a jamais été imprimée et qui cependant mériteroit de l'être, se trouve à la bibliothèque de l'Arsenal, parmi les manuscrit de Barbazan. Le morceau qu'elle a pour but de faire connoître, n'est autre que le fragment qui suit.

18 *Relation du Tournoi de Ham,* par Sarrazin, trouvère du XIII° siècle. A Paris, chez Jules Renouard, M DCCC XL, in-8°, p. 230, l. 21. Le Graal est aussi mentionné p. 225, l. 5.

19 *De l'État de la Poésie françoise dans les XII° et XIII° siècles,* p. 72, et 153, note 3; *Biographie universelle,* t. VIII, p. 154.

20 *Essai sur l'Abbaye de Fécamp,* préface, p. ix.

21 *Essais historiques sur les Bardes,* etc., t. II, p. 217, 225.

22 Nous avons publié le Roman de Gautier d'Aupais à Paris, chez Silvestre, en 1835, et depuis il a été analysé par M. Amaury-Duval, dans l'*Histoire littéraire de la France,* t. XIX, p. 767-771.

23 *Hist. litt. de la Fr.,* t. XIX, p. 767, en note.

24 Ce manuscrit, que M. le Roux de Lincy regarde comme le plus complet et l'un des plus anciens, est décrit dans la préface de l'*Essai histor. et litt. sur l'Abbaye de Fécamp,* p. ix.

25 "A large paper book in folio, containing the Romance of the St. Grayl.

" This poem consists of not less than 40,000 lines. The book is imperfect both at the beginning and at the end; the title at the top of the first page, viz. " Acta quædam "Arthuri regis", which has been transcribed by James and Stanley, appears to me to have been written by Joceline, secretary to Archbishop Parker. As far as I can judge from a cursory revisal, the whole is one continued narrative, divided into books or sections of very different lengths; and I take it to be a translation of the French legend mentioned by Bishop Nicholson in his Historical Library, p. 91. The passages on which I have grounded my opinion, are the following, which I have here inserted to enable the reader to judge what foundation there is for it, and to give him a specimen of the poet's versification.

" Thanne passeth forth this story with al,
That is cleped of som men *Seynt Graal;*
Also the *Sank Ryal* clepid it is,
Of mochel peple, with owten mys.

· · · · · · · · · · · · · · · · ·

Now of al this storie have I mad an ende,
That is schwede of Celidoygne, and now forthere to wende,
And of anothir brawnche most we be-gynne,
Of the storye that we clepen prophet Merlynne,
Wiche that maister Robert of Borrown
Owt of Latyn it transletted hol and som,
Onlich into the langage of Frawnce
This storie he drowgh be adventure and chaunce.
And doth Merllyne insten [joynen?] with Sank Ryal,
For the ton storie the tothir medlyth withal,
After the sathing of the forseid Robert,
That somtym it translettid in middilerd.
And I as an unkonneng man trewely,
Into Englisch have drawen this storye.

And thowgh that to ghow not plesyng it be,
Ghit that ful excused ghe wolde haven me,
Of my neclegence and unkonnenge
On me to taken swich a thinge,
Into owre modris tonge for to endite
The swettere to sowne to more and lyte,
And more cler to ghoure undirstondyng,
Thanne owthir Frensh other Latyn, to my supposing.
And therfore, atte the ende of this storye,
A pater noster ghe wolden for me preye,
For me, that Herry Lonelich hyhte:
And greteth oure Lady, ful of myhte,
Hartelich with an ave that ghe hir bede,
This processe the bettere I myhte procede,
And bringen this book to a good ende;
Now therto Jhesu Crist grace me sende,
And than an ende there ollen myhte be,
Now, good Lord, grount me for charite. "

.   .   .   .

" Thanne Merlyn to Blasye cam anon,
And there to hym he seide thus son :
" Blasye, thou schalt suffren gret peyne,
" This storye to an ende to bringen, certeyne.
" And ghit schall I suffren mochel more."
—" How so, Merlyn? " quod Blasye there.
" I schall be sowht, quod Merlyne tho,
" Owt from the West with messengeris mo,
" And they that scholen comen to seken me,
" They hav mad sewrawnce, I teke thee,
" Me forto slen, for any thing:
" This sewrawnce hav they mad to her kyng;
" But whanne they me sen, and with me speke,
" No power they schol hav on me to ben a-wreke.

" For with hem hens moste I gon.
" And thou into partyes schalt wel son,
" To hem that hav the holy vessel,
" Which that is icleped the Seynt Graal.
" And wete thow wel, and ek forsothe,
" That thow, and ek this storye bothe
" Ful wel beherd now schall it be,
" And also beloved in many contre."
And has (?) that will knowen in sertaygne
What kynges that weren in Grete Bretaygne,
Sithan that Cristendom thedyr was browht,
They scholen hem fynde, has so that it sawht,
In the storye of Brwttes book,
There scholen ghe it fynde, and ghe welen look,
Which that Martyn de Bewre translated here,
From Latyn into Romaunce, in his manere.
But leve we now of Brwtes book,
And aftyr this storye now lete us look."

. . . .

" After this last passage, which stands nearly in the midlle of the book, the scene and personnages of the poem change, and king Evalach, king Mordrens, sir Nesciens, Joseph of Arimathea, and the other heroes of the former part, give place to king Arthur, king Brangors, king Loth, and other monarchs and champions of the British line.

" In another passage very similar to the second here quoted, is the following marginal note written in the same hand as the text, " Henry Lonelich, Skynner, that trans-" lated this boke oute of Frensshe into Englysshe, at the " instaunce of Harry Barton."

Catalogus librorum manuscriptorum quos Collegio

Christi et B. Mariæ Virginis in Academia Cantabrigiensi legavit Matthæus Parker, archiepiscopus Cantuariensis. Edidit Jacobus Nasmith, A. M. S. A. S. Cantabrigiæ, typis academicis excudebat J. Archdeacon. M. DCC. LXXVII. in-4°, p. 54, n. LXXX. Voyez aussi l'Histoire de la Poésie angloise, de Warton, édition de 1840, déjà citée, t. I, p. 149-155.

²⁶ *Les Monumens de la Monarchie françoise,...* Par le R. P. Dom Bernard de Montfaucon, t. III, p. 54; *Théâtre français au moyen Age,* p. 218, col. 1, note **; *Musée des Familles,* mars 1840, p. 184; *Hist. de la Poésie angloise,* t. I, p. 205, note q.

Bordeaux, 10 mars 1841.

FIN DE LA NOTICE.

LE ROMAN

DU SAINT-GRAAL,

———

Ci commence li R[o]manz de l'esto[i]re dou Graal.

    Savoir doivent tout pecheeur
· Et li petit et li meneur
Que devant ce que Jhesus-Criz
Venist en terre, par les diz
Fist des prophetes anuncier
Sa venue en terre, et huchier
Que Diex son fil envoieroit
Çà-jus aval, et soufferroit
Mout de tourmenz, mout de doleurs,
Mout de froiz et mout de sueurs.   10
    A icel tens que je vous conte,
Et roi et prince et duc et conte,

Nostres premiers peres Adam,
Eve no mere et Abraham,
Ysaac, Jacob, Yheremyes
Et li prophetes Ysayes,
Tout prophete, toute autre gent,
Boen et mauveis communément,
Quant de cest siecle departoient,
Tout droit en enfer s'en aloient.   20
Quant li Deables, li Maufez,
Les avoit en enfer boutez,
Gaaigniez avoir les quidoit
Et en ce adès mout se fioit.
Les boennes genz confort ayoient
Ou Fil Dieu, que il attendoient.
Lors si plut à Nostre-Seigneur,
Qu'il nous féist trestouz honneur
Et qu'il en terre descendist
Et nostre humeinne char préist;   30
Dedenz la Virge s'aümbra,
Tele com la voust la fourma;
Simple, douce, mout bien aprise,
Toute la fist à sa devise.
Pleinne fu de toutes bontez,
En li assist toutes biautez :

Ele est fleiranz comme esglentiers ;
Ele est ausi com li rosiers,
Qu'ele porta la douce rose
Qui fu dedenz sen ventre enclose.   40
Ele fu Marie apelée,
De touz biens est enluminée ;
Marie est dite, mer amere ;
Fille Dieu est, si est sa mere ;
Et Joachins si l'engenra,
Anne sa mere la porta,
Qui andui ancien estoient.
Onques enfant éu n'avoient ;
Meis mout en estoient irié.
Et Diex leur eut tost pourchacié   50
Par son angle, qu'il envoia
A Joachym, quant il ala
Ou desert à ses pastouriaus ;
Et demoura aveques aus,
Pour ce que courouciez estoit
De s'offrande que li avoit
L'esvesque ou temple refusée,
Pour ce que n'avoit engenrée
Nule portéure en sa fame,
Ki estoit de sa meison dame.   60

Ce dist l'angles à Joachyn :

« Va tost, si te mest au chemin,

Que Diex le t'a par moi mandé;

Et se m'a-il mout commandé

Enseurquetout que je te die

Ta volentez iert acomplie,

Car tu une pucele aurras,

Et Marie l'apeleras.

D'Anne ta fame iert engenrée,

En son ventre saintefiée,　　　　　　　　　　　70

N'en sa vie ne pechera

Tout son aage que vivra.

De ce ne soies esperduz;

Et que j'en soie mieuz créuz,

Par Jherusalem t'en iras

Et à la porte enconterras

Ta fame, puis vous en irez

En vo meison et si serez

Ensemble comme boenne gent :

Ainsi avendra vraiement. »　　　　　　　　　　80

Le pueple que il feit avoit

D'Evein et d'Adam, couvenoit

Raieimbre et giter hors d'enfer,

Que tenoit enclos Lucifer

Pour le pechié d'Adam no pere,
Que li fist feire Eve no mere
Par la pomme qu'ele menja
Et qu'ele son mari donna.

Entendez en quantes mennieres
Nous racheta Diex nostres peres :   90
Li Peres la raençon fist,
Par lui, par son fil Jhesu-Crist,
Par le Saint-Esprit tout ensemble.
Bien os dire, si con moi semble,
Cil troi sunt une seule chose,
L'une persone en l'autre enclose.
Diex voust que ses fiuz char préist
De la Virge et que de li naschist,
Et il si fist puis que lui plust;
Pour rien contredist ne l'éust.   100
Cil Sires, qui humanité
Prist en la Virge, humilité
Nous moustra grant quant il venir
Daigna en terre pour morir,
Pour ce que il voloit sauver
L'uevre son pere et delivrer
De la puissance l'Ennemi,
Qui nous eut par Eve trahi.

Quant ele vit qu'ele eut pechié,
Si ha tant quis et pourchacié   110
Que Adans ses mariz pecha ;
Car une pomme li donna
Que Diex leur avoit deveé
Et trestout l'autre abandonné;
Meis il tantost la mist au dent
Et en menja isnelement.
Et tantost comme en eut mengié,
Pourpensa soi qu'il ot pechié ;
Car il vit sa char toute nue ,
Dont il ha mout grant honte éue.   120
Sa fame nue véue ha ,
A luxure s'abandonna.
Après ce coteles se firent
De fueilles, qu'ensemble acousirent.
Et quant Nostres-Sires ce vist ,
Adan apele et si li dist :
« Adan, où ies-tu ? » — « Je sui çà. »
Tantost de delist les gita ,
Si les mist en chetivoison
Et en peinne pour tel reison.   130
    Eve eut conçut, si enfanta
A grant doleur ce que porta,

Et li et toute sa meisnie
Eut li Deables en baillie ;
A la mort les vout touz avoir.
En enfer les covint mennoir
Tant com Diex le vout, et ne plus,
Qu'il envoia sen fil çà-jus
Pour saver l'uevre de son pere ;
Si en soufri la mort amere.   140
Pour ce besoing prist-il no vie,
Ou ventre la virge Marie,
Et puis en Bethleem naschi
De la Virge, si cum je di.
Ceste chose seroit greveinne
A dire, car ceste fonteinne
Ne pourroit pas estre espuisie
Des biens qu'a la virge Marie.
   Dès or meis me couvient guenchir
A ma matere revenir,   150
De ce que me rememberrai,
Tant cum santé et povoir ei.
Voirs est que Jhesus-Criz ala
Par terre ; et si le baptisa
Et ou flun Jourdein le lava
Sainz Jehans, qu'il li commanda

Et dist : « Cil qui en moi creirunt,
En eve se baptiserunt
Ou non dou Pere et dou Fil Crist
Et ensemble dou Saint-Esprist,   160
Que par ice serunt sauvé,
Dou povoir l'Anemi gité,
Tant que il s'i remeterunt
Par les pechiez que il ferunt. »
A sainte Eglise ha Diex donné
Tel vertu et tel poesté.
Saint Pierres son commandement
Redona tout comunalment
As menistres de sainte Eglise,
Seur eus en ha la cure mise :   170
Ainsi fu luxure lavée
D'omme, de femme, et espurée ;
Et li Deables sa vertu
Perdi, que tant avoit éu.
A bien peu .v. mil anz ou plus
Les eut-il en enfer là-jus ;
Meis de tout son povoir issirent,
Dusqu'à tant que il s'i remirent ;
Et Nostres-Sires, qui savoit
Que fragilitez d'omme estoit   180

Trop mauveise et trop perilleuse
Et à pechié trop enclineuse
(Car il couvenroit qu'il pechast),
Vout que sainz Pierres commandast
De baptesme une autre menniere :
Que tantes foiz venist arriere
A confesse, quant pecheroit,
Li hons, quant se repentiroit
Et vouroit son pechié guerpir
Et les commandemenz tenir   190
De sainte Eglise : ainsi pourroit
Grace à Dieu querre, et il l'aroit.
   Au tens que Diex par terre ala
Et sa creance preescha,
La terre de Judée estoit
Souz Romme et à li respondoit,
Non toute, meis une partie,
Où Pilates avoit baillie.
A lui servoit uns soudoiers
Qui souz lui eut v chevaliers,   200
Jhesu-Crist vit et en sen cuer
L'aama mout; meis à nul fuer
N'en osast feire nul semblant
Pour les Juis qu'il doutoit tant,

Car tout estoient adversaire
A Jhesu la gent de pute eire.
Ainsi doutoit ses ennemis,
Jà soit ce qu'à Dieu fust amis.
Jhesus peu deciples avoit,
Et de ceus l'uns mauveis estoit,   210
Pires plus que mestiers ne fust.
Ainsi le voust, ainsi li plust.
Meintes foiz tinrent pallement
Li Juif queu peinne ou tourment
Nostre-Seigneur soufrir feroient
Et comment le tourmenteroient,
Et Judas, que Diex mout amoit,
Une rente eut c'on apeloit
Disme, et avec seneschauz fu
Entre les deciples Jhesu ;   220
Et pour ce devint envieus
Qu'il n'estoit meis si gracieus
As deciples come il estoient
Li uns vers l'autre et s'entr'amoient :
Se commença à estrangier
Et treire à la foïe arrier ;
Plus crueus fu qu'il ne soloit,
Si que chascuns le redoutoit.

Nostres-Sires savoit tout bien,
Car on ne li puet embler rién.   230
   A ce tens teu coustume avoient
Li chambrelein que il prenoient
La disme de quanque on donnoit
A leur seigneurs, et leur estoit.
Or avint au jour de la Cene
Que Marie la Madaleinne
Vint droit en la meison Symom;
A la table trouva Jhesum   240
Avec ses deciples seant,
Judas devant Jhesu menjant.
Dessouz la table se muça,
As piez Jhesu s'agenouilla;
Mout commença fort à plourer,
Les piez Nostre-Seigneur laver
De ses larmes, et les torchoit
De ses chevous que biaus avoit.
Après les oint d'un oignement
Qu'aporta, precieus et gent,
Et le chief Jhesu autresi;
Et la meison si raempli   250
De la precieuse flereur,
De l'oignement et de l'oudeur,

Que chaucuns d'eus se merveilla ;
Meis Judas mout s'en courouça :
Trois cenz deniers, ou plus, valoit ;
Sa rente perdue en avoit :
C'est en disme trente deniers,
C'en devoit estre ses louiers.
Commença soi à pourpenser
Comment les pourra recouvrer.   260
    Li anemi Nostre-Seigneur,
Qui li quierent sa deshonneur,
Furent tout ensemble assemblé
En un hostel en la cité ;
Li hostes eut non Chayphas.
Ez-vous ilec venu Judas,
Qui evesques fu de leur loi,
Et preudons fu, si com je croi.
Joseph i fu d'Arymathye,
N'est pas liez de la compeignie.   270
Et quant Judas ilec sentirent,
Douterent le quant il le virent ;
Si que tantost con le connurent,
Pour la doute de lui se turent.
Il quidoient qu'il fust loiaus
Vers son seigneur, et il iert faus ;

Et quant Judas, qui de pute eire
Estoit, les vit ainsi touz teire,
Palla et demanda pour quoi
Estoient si mu et si quoi.   280
Il li demandent de Jhesu :
« Où est-il ore ? Sez-le-tu ? »
Et il leur dist où il estoit,
Pour quoi là venir ne voloit :
« La loi enseigne. » Com l'oïrent,
En leur cuers tout s'en esjoïrent.
« Enseigne-nous comment l'aruns
Et comment nous le prenderons. »
Judas leur dist : « Se vous volez,
Je l' vous vendrei, si le prenez. »   290
Cil dient : « Oïl, volentiers. »
— « Donnez-moi donc trente deniers. »
L'uns en sa bourse pris les ha
Et tantost Judas les donna :
Ainsi eut son restorement
De sa perte de l'oignement.
Après li ont cil demandé
Comment il leur aura livré.
Judas leur mist le jour, pour voir,
Comment il le pourrunt avoir   300

Et en quel liu le trouverunt;
Il dist que mout bien s'armerunt
Comme pour leur vies sauver,
Et si se doivent bien garder
De Jake penre tout ensemble,
Car merveilles bien le resemble.
« De ce ne vous merveilliez mie,
Car andui sunt d'une lignie :
Il sunt cousin germein andui. »
— « Comment connoistruns donc celui ? » 310
— « Mout volentiers le vous direi :
Prenez celui que beiserei.»
Ainsi acordent leur afeire.
A trestoutes ces choses feire
Estoit Joseph d'Arymathye,
Cui en poise mout et ennuie.
   Ainsi d'ilec se departirent;
Dusqu'au juesdi attendirent;
Et ce juedi chiés Simon
Estoit Jhesus, dans sa meison,   320
Où ses deciples enseignoit
Les essemples et leur disoit :
« Ne vous doi pas trestout retreire;
Meis de ce ne me weil-je teire,

Que cius menjut o moi et boit
Qui mon cors à mort trahir doit. »
Quant Jhesus ainsi pallé ha ,
Judas errant li demanda :
« Pour moi le dites seulement ? »
— « Judas, tu le diz ensement. »   330
Autres choses leur vout moustrer
Quant il daigna leur piez laver,
D'une iaue à touz les piez lava,
Et sainz Jehans li conseilla :
« Privément, sire , une chose
Demanderoie ; meis je n'ose. »
Jhesus l'en ha congié donné ,
Et il ha tantost demandé :
« Sire, à nous touz les piez lavas
D'une iaue : tu pour quoi feit l'as ? »   340
Diex dist : « Volentiers le direi ,
Cest essemple en Perrum penrei.
Ausi comme l'iaue ordoia
Des premiers piez c'on i lava,
Ne puet nus estre sanz pechié,
Et tant serunt-il ordoié
Com ès orz pechiez demourrunt ;
Meis les autres laver pourrunt ;

Car, s'il un peu ordoié sunt,
Jà pour ice n'ou leisserunt   350
Que il les ordoiez ne puissent
Laver, en quel liu que les truissent,
Ausi con d'orde iaue ci lavé
L'autre ordure qu'ele ha trouvé;
Et semble que li darrien soient
Ausi com li premier estoient.
C'est essemple à Pierre leirons,
Et as menistres le donnons
De sainte Eglise voirement,
Pour enseignier à l'autre gent   360
Par leur pechiez ordoierunt
Et les pecheeurs laverunt
Qui à Dieu vouront obéir
Et au Fil et au Saint-Espir,
A sainte Eglise; si que rien
Ne leur nuist, ainz leur eide bien,
Si c'um connoistre ne pouroit
Le lavé s'on ne li disoit.
Ausi les pechiez ne set mie
De nului devant c'on li die,   370
N'il des menistres ne sarunt
Devant ce que il les dirunt. »

Ainsi saint Jehan enseigna
Diex par ce que il li moustra.

   Diex fu en la meison Simon,
Et il et tuit si compeignon.
Judas eut les Juis mandez
Et l'un après l'autre assemblez.
En la meison Symon entrerent.
Quant ce virent, si s'effreerent   380
Li deciple Nostre-Seigneur,
Car il eurent mout grant peeur;
Et quant la meison vit emplie
Judas, si ne se tarja mie,
En la bouche Jhesu beisa
Et par le beisier l'enseigna.
Jhesu prennent de touz costez.
Judas crie : « Bien le tenez,
Car il est merveilles forz hom. »
Ainsi emmenerent Jhesum;   390
Partie font de leur voloir,
Qu'il ont Jhesu en leur pooir.
Or sunt li deciple esgaré
Et sunt de cuer mout adolé.
Leenz eut un veissel mout gent,
Où Criz feisoit son sacrement;

Uns Juis le veissel trouva
Chiés Symon, se l' prist et garda,
Car Jhesus fu d'ilec menez
Et devant Pilate livrez.

   A Pilate Jhesu menerent,   400
De quanqu'il peurent l'encouperent;
Meis petit furent leur povoir,
Qu'il ne peurent droiture avoir
Ne droiture ne achoison
Par quoi fust en dampnation.
Ne il ne l'avoit deservi,
S'il s'en vousist partir ainsi;
Meis trop feule fu la joustice,
Dont mout de seigneur sunt en vice,   410
Et force n'i voust mestre mie,
Ainz voust soufrir leur enreidie.
Toutes voies Pilates dist:
« S'on ainsi cest prophete ocist
Et me sires riens m'en demande,
Je vueil savoir et se l' commande
As queus de vous touz m'en tenrei
Et à cui ju en revenrei,
Qu'en lui ne voi cause de mort;
Ainz le volez ocirre à tort. »   420

A hautes vouiz tout s'escrierent
Et riche et poure qui là ierent :
« Seur nous soit ses sans espanduz,
Seur nos enfanz granz et menuz ! »
Lors le prennent et se l' ront mené
Devant Pilate et l'ont dampné.
Pilates l'iaue demanda
Et devant eus ses meins lava,
Et dist qu'ausi com nestoiées
Estoient ses meins et lavées,   430
Qu'ausi quites et nez estoit
Del juste c'on à tort jugoit.
Li Juis le veissel tenoit
Qu'en l'ostel Simon pris avoit,
Vint à Pilate et li donna ;
Et Pilates en sauf mis l'a,
Dusqu'à tant que conté li fu
Qu'il avoient deffeit Jhesu.
Et quant Joseph l'a oï dire,
Pleins fu de mautalent et d'ire,   440
Vint à Pilate isnelement
Et dist : « Servi t'ei longuement
Et je et mi .v. chevalier,
Ne n'ei éu point de loier,

Ne jà n'en arci guerredon
Fors tant que me donras un don
De ce que touz jours prommis m'as.
Donne-le-moi, povoir en has. »
Pilates dist : « Or demandez,
Je vous donrei ce que vourez.   450
Sanz la foiauté mon seigneur,
Nus ne l'aroit à mon honneur.
Vous avez granz dons deserviz. »
— « Sire, dist Joseph, granz merciz !
Je demant le cors de Jhesu,
Qu'il ont à tort en crouiz pendu. »
Pilates mout se merveilla
Quant si petit don demanda,
Et dist Pilates : « Je quidoie
Et dedenz mon cuer le pensoie   460
Que greigneur chose vousissiez
Et, certes, que vous l'éussiez.
Pour ce que son cors demandez,
Pour vos soudées vous l'arez. »
— « Sire, granz merciz en aiez ;
Commandez qu'il me soit bailliez. »
Dist Pilates delivrement :
« Alez le penre isnelement. »

— « Sire, unes granz genz et forz sunt,

Bien sai penre n'ou me leirunt. »   470

— « Si ferunt : alez vistement

Et le prenez hardiement. »

   D'ileques Joseph se tourna,

Errant à la crouiz s'en ala,

Jhesu vit, si 'n ot pitié grant

Quant si vilment le vit pendant ;

De pitié commence à plourer,

Dist as gueites qu'il vit ester :

« Pilates m'a cest cors donné,

Et si m'a dist et commandé   480

Que je l'oste de cest despit. »

Ensemble respondirent tuit :

« Ne l'osterez, car il dist ha

Qu'au tierz jour resuscitera ;

Jà tant ne sara susciter

Que le feruns à mort livrer. »

Dist Joseph : « Leissiez le m'oster,

Car il le m'a feit delivrer. »

Il respondent : « Ainz t'ocirruns,

Qu'avant trois jours gardé l'aruns. »   490

A tant s'est Joseph departiz

Et à Pilate revertiz,

Et li conte comment avoient
Respondu ne ne li leissoient
Oster Jhesu-Crist de la crouiz;
« Ainz crierent à une vouiz
Que je mie ne l'osteroie. »
Pilates l'ot, n'en ha pas joie,
Ainz se courouça durement;
Ilec vist un homme en present,   500
Qui avoit non Nychodemus :
« Alez, dist-il, errant là-jus
Avec Joseph d'Arymathye;
Ostez Jhesu de sa haschie
Où li encrimé l'ont posé,
Et l'eit Joseph tout delivré. »
Lors prist Pilate le veissel;
Quant l'en souvint, si l'en fu bel;
Joseph apele, si li donne
Et dist : « Mout amiez cel homme. »   510
Joseph respont : « Voir dit avez. »
Et d'ilec est tantost sevrez;
A la crouiz errant s'en ala
O Nychodemus, qu'il mena.
Pour ce Pilates li avoit
Donné, qu'il o soi ne vouloit

Riens retenir qui Jhesu fust,
Dont acusez estre péust.
Ainsi com andui s'en aloient
Plus hisnelement qu'il povoient,　　　　520
Nychodemus si s'en entra
Chiés un fevre que il trouva ;
Tenailles prist et un martel
Qu'ilec trouva, mout l'en fu bel
Et vinrent à la crouiz errant.
Quant ce virent li chien puant,
Si se sunt de cele part treit,
Car de ce leur estoit mout leit.
Nychodemus dist : « Vous avez
Feit de Jhesu quanque voulez,　　　　530
Tout ce que vous en demandastes ;
Et nos prouvoz sires Pilates
Si l'a à ceste homme donné,
Pour ce qu'il l'avoit demandé.
Il est morz, que bien le veez ;
Apenre soufrir li devez.
Il me dist que de ci l'ostasse
Et que je à Joseph le donnasse. »
Adonc commencent à crier
Que il devoit resusciter,　　　　540

Et qu'il mie n'ou bailleroient
A Joseph n'à homme qu'il voient.
Nychodemus se courouça,
Et dist jà pour eus n'ou leira
Qu'il ne li baille meintenant
Maugrez trestouz leur nés devant.
Adonc se prennent à lever,
A Pilate s'en vont clamer;
Et cil andui en haut munterent
Et Jhesu de la crouiz osterent.   550
Joseph entre ses braz le prist,
Tout souef à terre le mist,
Lé cors atourna belement
Et le lava mout nestement.
Endrementier qu'il le lavoit,
Vist le cler sanc qui decouroit
De ses plaies, qui li seinnoient
Pour ce que lavées estoient :
De la pierre adonc li membra
Qui fendi quant li sans raia   560
De sen costé, où fu feruz.
Adonc est-il errant couruz
A son veissel et si l'a pris,
Et lau li sans couloit l'a mis,

Qu'avis li fu que mieuz seroient
Les goutes ki dedenz cherroient
Qu'en liu où mestre les péust,
Jà tant pener ne s'en séust.
A son veissel ha bien torchies
Les plaies, et bien nestoïes   570
Celes des meins et dou costé,
Des piez environ et et (*sic*) en lé.
   Or fu li sans touz recéuz
Et ou veissel touz requeilluz.
Joseph le cors envolepa
En un sydoine qu'acheta,
Et en une pierre le mist
Qu'il à son wès avoit eslist,
Et d'une pierre le couvri
Que nous apelons tumbe ci.   580
Li Juif si sunt retourné,
Si ont à Pilate pallé.
Pylates commanda et dist,
En quel liu que on le méist,
Par nuit et par jour le gueitassent,
Que si deciple ne l'emblassent;
Car Jhesus à eus dist avoit
Qu'au tierz jour resusciteroit.

Cil ont leur gueites assemblées
Tout entour le sepulchre, armées ;   590
Et Joseph d'ilec se tourna
Et en sa meison s'en ala.

Li vrais Diex, en ces entrefeites,
Comme sires, comme prophetes,
En enfer est errant alez ;
Ses amis en ha hors gitez,
Eve et Adam, leur progenie,
Qu'Ennemis eut en sa baillie,
Seinz, saintes, toute boenne gent
(Car des boens n'i leissa neent),   600
Touz ceus qu'il avoit rachetez,
Pour qui il fu à mort livrez.
Quant Nostres-Sires ce feit eut
Quanqu'il li sist et il li pleut,
Resuscita, c'onques n'ou seurent
Li Juif ne vooir n'ou peurent ;
A Marie la Madaleinne
S'apparust, c'est chose certainne,
A ses apostres, à sa gent,
Qui le virent apertement.   610
Quant eut ce fait, la renummée
Ala par toute la contrée,

Relevez est de mort à vie

Jhesus li fiuz sainte Marie.

Si deciple l'unt tout véu

Et l'unt très bien reconnéu ;

Et ont véu de leur amis

Qui furent trespassé jadis,

Qui o Jhesu resusciterent

Et en la gloire Dieu alerent.   620

Les gardes en sunt decéu,

Qu'encor ne l'unt apercéu.

Quant li Juif ice escouterent,

En la synagogue assemblerent

Et si tinrent leur parlement,

Car leur chose va malement ;

Et li un as autres disoient

Que se c'est voirs que dire ooient

Et que il fust resuscitez,

Qu'encor aroient mal assez.   630

Et cil qui l'avoient gardé

Disoient bien par verité

Qu'il n'estoit pas lau on le mist.

Encor unt-il plus grant despist,

Car il l'unt par Joseph perdu :

De ce sunt-il tout esperdu ;

Et se damages y ha nus,
Ç'a-il feit et Nychodemus.
Adonques tost pourpensé ont
Qu'à leur meistres responderont,   640
Se il leur estoit demandez ;
Et chaucuns s'i est acordez
Comment il en pourrunt respondre,
Quant on les en voura semundre.
Nychodemus de crouiz l'osta
Et à Joseph le commanda,
Si l' dient : « Nous le vous leissames,
Et puis errant nous en alames. »
     Li Juif pensent qu'il ferunt :
Joseph, Nychodemus penrunt   650
Si coiement c'on n'ou sara,
Et puis ceste chose cherra ;
« Et s'il nous welent acuser,
Qu'il le nous vueillent demander,
Tantost com les pourruns seisir,
De mort les couvenra morir.
Chaucuns de nous respondera
Que on à Joseph le baiila.
Se vous Joseph ci nous rendez,
Par Joseph Jhesu raverez. »   660

A ce conseil sunt acordé
Tout li josne et tout li barbé.
Cist consauz est donnez par sens,
Car boens et de grant pourpens.
Nychodemus eut un ami
A ce conseil, qui l'en garni ;
Manda-li que il s'en fuist,
Ou il morroit, et il si fist.
Et li Juif s'en vunt là droit ;
Meis il jà fuiz s'en estoit.   670
Quant il voient que perdu l'unt,
En la meison Joseph s'en vunt,
Mout tristoié, mout irascu
De ce qu'il l'ont ainsi perdu.
L'uis de l'ostel Joseph brisierent,
Si le pristrent et emmenerent;
Mais ainçois le firent vestir,
Car il estoit alez gesir.
Demandent li, quant l'ont tenu,
Que il avoit feit de Jhesu.   680
Joseph respont isnelement :
« Quant je l'eu mis ou monument,
A vos chevaliers le leissei
Et en ma meison m'en alei ;

Ce sache Diex que puis n'ou vi,
Ne meis puis paller n'en oï. »
Cil li dient : « Tu l'as emblé. »
— « Non ai, en moie verité. »
— « Il n'est pas là où mis l'avoies ;
Enseigne-le-nous toutes voies. »   690
— « Je ne sai où est, s'il n'est là
Où je le mis quatre jours ha ;
Et, se lui pleist que pour lui muire,
Bien sai ce ne me puet rien nuire. »
   Chiés un riche homme l'ont mené,
Forment l'unt batu et frapé.
Leenz eut une tour roonde,
Ki haute estoit et mout parfunde.
Lors le reprennent et rebatent,
Et tout plat à terre l'abatent ;   700
Avalé l'ont en la prison,
Ou plus parfont de la meison,
Qui estoit horrible et obscure,
Toute feite de pierre dure ;
Forment l'ont fermée et serrée,
Et par dessus bien scelée.
   Mout fu Pilates irascuz
Quant set que Joseph fu perduz,

Et en sen cuer mout l'en pesoit,
Que nul si boen ami n'avoit.   710
Au siecle fu bien adirez
Et vileinnement ostelez;
Meis Diex n'ou mist pas en oubli,
Cui on trueve au besoing ami;
Car ce que pour lui soufert ha,
Mout très bien li guerredonna :
A lui dedenz la prison vint,
Et son veissel porta, qu'il tint,
Qui grant clarté seur lui gita,
Si que la chartre enlumina;   720
Et quant Joseph la clarté vist,
En son cuer mout s'en esjoïst.
Diex son veissel li aportoit,
Où son sanc requeillu avoit.
De la grace dou Seint-Esprist
Fu touz pleins, quant le veissel vist,
Et dist : « Sires Diex tou-puissanz,
Dont vient ceste clartez si granz ?
Je croi si bien vous et vo non
Qu'ele ne vient se de vous non. »   730
— « Joseph, or ne t'esmaie mie :
La vertu Dieu has en aïe ;

Sachcs qu'ele te sauvera

En Paradis, où te menra.»

    Joseph Jhesu-Crist demandoit

Qui il iert, qui si biaus estoit :

« Je ne vous puis, sire, esgarder

Ne connoistre ne aviser. »

— « Joseph, dist Diex, enten à moi,

Ce que je te direi si croi.   740

Je sui li fiuz Dieu, qu'envoier

Voust Diex en terre pour sauver

Les pecheours de dampnement

Et dou grant infernal tourment ;

Je vins en terre mort soufrir

En la crouiz finer et morir,

Pour l'uevre men pere sauver

Qu'Adans avoit feite dampner

Par la pomme que il menja,

Qu'Eve sa fame li donna   750

Par le conseil de l'Ennemi,

Qu'ele plus tost que Dieu créi.

Après ce, Diex de Paradis

Les gita et les fist chetis

Pour le pechié que feit avoient

Quant son commandement passoient.

Eve conçut, enfans porta ;
Et li et ce qu'ele enfanta
Voust tout li Ennemis avoir
En son demeinne, en son pooir,   760
Et les eut tant cum plust au Pere
Que li Fiuz naschi de la mere.
Par fame estoit hons adirez,
Et par fame fu recouvrez ;
Fame la mort nous pourchaça,
Fame la vie nous restora ;
Par fame estions emprisonné,
Par fame fumes recouvré.

« Joseph, or has oï comment
Li Fiuz Diu tout certeinnement   770
Vint en terre ; et si has oï
Pour quoi de la Virge naschi,
Pour ce qu'en la crouiz moréust
Et li Peres s'uevre réust :
Pour ce sui en terre venu,
Et li sans de mon cors issuz,
Qui en issi par .v. foïes ;
Assez i soufri de haschies. »
—« Comment, sire ! Joseph li dist ;
Estes-vous donc Jhesus qui prist   780

Char en la Virge precieuse,
Ki fu Joseph fame et espeuse ?
Cil que Judas xxx deniers
Vendi as Juis pautonniers,
Et qu'il fusterent et batirent
Et puis en la crouiz le pendirent ?
Que j'en la sepouture mis,
Et de cui dirent li Juis
Que j'avoie vo cors emblé
Et dou sepuchre destourné ? »   790
—« Je sui icil tout vraiement :
Croi-le, si auras sauvement ;
Croi-le et si n'en doute mie :
Si auras pardurable vie. »
—« Sire, dist Joseph, je vous proi
Que vous aiez pitié de moi.
Pour vous sui-je cileques mis ;
Si serei tant con serei vis,
Se vous de moi pitié n'avez
Et de cest liu ne me gitez.   800
Sire, touz jours vous ei amé;
Meis n'en ei pas à vous pallé;
Et pour ce dire ne l'osoie,
Certeinnement, que je quidoie

Que vous ne m'en créussiez mie,
Pour ce que j'en la compeignie
Estoie à ceus qui vous haoient
Et qui vostre mort pourpalloient.»
Lors dist Diex : « Avec mes amis
Et aveques mes ennemis   810
Estoie ; meis quant avenue
Est aucune descouvenue,
N'i ha mestier senefiance.
Or le vous leirei en soufrance.
Tu estoies mes boens amis,
Pouce estoies o le Juis,
Et bien seu que mestier m'aroies
Et au besoing que m'eideroies ;
Car Diex mes peres t'eut donné
Le povoir et la volenté   820
Que péus Pilate servir,
Qui si le voust remerir :
De ten service te paia
En ce que men cors te donna. »
— « Hay, sire! ne dites mie
Que miens soiez n'en ma baillie. »
— « Si sui, Joseph, je l'direi bien ;
Je sui as boens, li boen sunt mien.

Sez-tu que tu as deservi
En ce que je donnez te fui ?   830
La vie pardurable aras,
Quant de cest siecle partiras.
Nul de mes deciples o moi
N'ei amené, sez-tu pour quoi ?
Car nus ne set la grant amour
Que j'ai à toi dès ice jour
Que tu jus de la crouiz m'ostas,
Ne veinne gloire éu n'en has.
Nus ne connoit ten cuer loial,
Fors toi et Dieu l'esperital.   840
Tu m'as amé celéement,
Et je toi tout certainnement.
Nostre amour en apert venra
Et chaucuns savoir la pourra ;
Meis ele sera mout nuisanz
As maveis Juis mescreanz.
En ten povoir l'enseigne aras
De ma mort et la garderas,
Et cil l'averunt à garder
A cui tu la voudras donner. »   850
     Nostres-Sires ha treit avant
Le veissel precieus et grant

Où li saintimes sans estoit
Que Joseph requeillu avoit,
Quant il jus de la crouiz l'osta
Et il ses plaies li lava ;
Et quant Joseph vist le veissel
Et le connut, mout l'en fu bel ;
Meis de ce mout se merveilloit
Que nus ne seut où mis l'avoit,   860
Qu'en sa meison l'avoit repus,
C'onques ne l'avoit véu nus.
Et il tantost s'agenouilla,
Nostre-Seigneur en mercia :
« Sire Diex, sui-je donques teus
Que le veissel si precieus
Puisse ne ne doie garder
Où fis vostre saint sanc couler ? »
Diex dist : « Tu le me garderas
Et cius cui le comanderas.   870

    « Joseph, bien ce saras garder,
Que tu ne le doiz commander
Qu'à trois persones qui l'arunt.
Ou non dou Pere le penrunt
Et dou Fil et dou Saint-Esprist,
Et se doivent croire trestuit

Que ces trois persones sunt une
Et persone entiere est chaucune. »
Joseph, qui à genouz estoit,
Prist le veissel que Diex tenoit.   880
« Joseph, dist Diex, as pecheeurs
Est sauvemenz pour leur labeurs.
Qui en moi vraiement croirunt,
De leur maus repentance arunt.
Tu-méismes, pour tes soudées,
Has mout de joies conquestées ;
Saches que jameis sacremenz
Feiz n'iert, que ramembremenz
De toi n'i soit. Tout ce verra
Qui bien garder y savera. »   890
— « Par foi ! dist Joseph, je n'ou sai ;
Dites-le-moi, si le sarai. »
    — « Joseph, bien sez que chiés Symon
Menjei et tout mi compeignon,
A la Cene, le juesdi ;
Le pein, le vin y benéi,
Et leur dis que ma char menjoient
Ou pein, ou vin mon sanc buvoient:
Ausi sera representée
Cele taule en meinte contrée.   900

Ce que tu de la crouiz m'ostas
Et ou sepulchre me couchas,
C'est l'auteus seur quoi me metrunt
Cil qui me sacrefierunt.
Li dras où fui envolepez,
Sera corporaus apelez.
Cist veissiaus où men sanc méis',
Quant de men cors le requeillis,
Calices apelez sera.
La platine ki sus girra   910
Iert la pierre senefiée
Qui fu deseur moi seelée,
Quant ou sepuchre m'éus mis.
Ice doiz-tu savoir touz dis,
Ces choses sunt senefiance
Qu'en fera de toi remembrance.
Tout cil qui ten veissel verrunt,
En ma compeignie serunt;
De cuer arunt emplissement
Et joie pardurablement.   920
Cil qui ces paroles pourrunt
Apenre et qui les retenrunt,
As genz serunt vertueus,
A Dieu assez plus gratieus;

Ne pourrunt estre forjugié
En court, ne de leur droit trichié,
N'en court de bataille venchu,
Se bien ont leur droit retenu. »

    Ge n'ose conter ne retreire,
Ne je ne le pourroie feire,   930
Neis, se je feire le voloie,
Se je le grant livre n'avoie
Où les estoires sunt escrites,
Par les granz clers feites et dites :
Là sunt li grant secré escrit
Qu'en numme le Graal et dit.
Adonc le veissel li bailla,
Et Joseph volentiers pris l'a.
Diex dist : « Joseph, quant vouras
Et tu mestier en averas,   940
A ces trois vertuz garderas,
Q'une chose estre ainsi creiras;
Et la dame bonceurée
Qui est Mere Dieu apeléc,
Ki le benooit Fil Dieu porta,
Mout très bien te conseillera;
Et tu orras, ainsi le croi,
Le Seint-Esprit paller à toi,

« Ore, Joseph, je m'en irei.

De ci mie ne t'emmenrei,   950

Car ce ne seroit pas reison ;

Ainz demourras en la prison.

La chartre sanz clarté sera,

Si comme estoit quant je ving çà :

Garde que tu n'aies peeur,

Ne au cuer friçon ne tristeur ;

Car ta delivrance tenrunt

A merveille cil qui l'orrunt.

Li Seinz-Espriz o toi sera,

Qui touz jours te conseillera. »   960

    Ainsis est Joseph demourez

En la prison bien enchartrez ;

Ne de lui meis plus pallerent,

Meis trestout ester le leissierent.

Et demoura mout longuement

Que de lui ne fu pallement,

Tant qu'il avint c'uns pelerins,

Qui fu assez jounes meschins,

En cele terre de Judée

Fist là mout longue demourée   970

Au tens que Jhesus-Criz ala

Par terre et sen nou precscha,

4

Qui mout de miracles feisoit,

Car il bien feire les povoit.

Les avugles vi cler veanz

Et les contreiz touz droiz alanz,

Et autres miracles assez

Que n'aroie à lonc tens contez,

Car trois morz y resuscita.

Li pelerins tout ce vist là ;   980

Meis li Juif, qui grant envie

Eurent seur lui par felonnie,

Le firent-il en crouiz morir

Pour ce qu'il ne vout obéir

De riens à leur commandemenz,

Car il souduisoient les genz.

　　Au tens que je vous ei conté

Que li pelerins eut esté

En Judée, si vint à Romme

Et hesberja chiés un preudomme.   990

Adonc li fiuz l'empereeur

Estoit en si très grant doleur

Qu'il avoit une maladie,

Car de lepre iert sa char pourrie ;

Si vil estoit et si puanz

Que nus o lui n'iert habitanz.

On l'avoit en une tour mis,
Où n'avoit fenestre ne vis
C'une petite fenestrele,
Où on metoit une escuele   1000
Quant on li donnoit à mengier,
Adès quant en avoit mestier.

   Li pelerins fu hostelez,
Bien aeisiez et bien soupez.
L'ostes au pelerin palloit
Que mout granz damages estoit
Dou fil à leur empereeur,
Qui estoit à tel deshonneur;
Et li pelerins demanda
Quel duel et quel deshonneur ha;   1010
Et li hostes li ha conté
De sa lepre la verité,
Que cil Vaspasiens avoit
Et nus saner ne l'en povoit:
Fiuz estoit à l'empereeur,
Tant en avoit-il duel greigneur.
Li hostes li ha demandé
S'il avoit nule rien trouvé
Qui Vaspasien boenne fust
N'à lui curer mestier éust.   1020

Li pelerins li respondi :

« Jo ne sai pas chose ore ci ;

Meis ce puis-je bien affermer

Que là dont je vieng d'outremer

Jadis un grant profete avoit

Qui sanz doute preudons estoit,

Et meintes foiz fist Diex pour lui.

Je vi malades qu'il gari

De mout diverses maladies

Qu'il avoient, viés et anties ;   1030

Je vi contreiz qu'il redreça

Et avugles qu'il raluma,

Hommes qui tout pourri estoient,

Qui de lui tout sein s'en aloient,

Et autres miracles assez

Que n'aroie à lonc tens contez ;

Meis il ne garissoit neent,

Ne garessit entierement.

Et li riche homme le haoient

De Judée, qu'il ne povoient   1040

Saner ausi comme il povoit

Ne feire autel comme il feisoit.

Et li hostes si demanda

Au pelerin qu'il hesberja

Qu'estoit devenuz cil preudon
Et coment il avoit à non.
— « Je l' vous direi, que bien le sai;
Meintes foiz nummer oï l'ai :
Jhesus eut non li fiuz Marie,
De Nazareth lez Bethanie.   1050
La pute gent qui le haïrent
Tant donnerent et tant prommirent
A ceus qui le povoir avoient
Et qui les joustices tenoient,
Tant le chacierent qu'il le prirent
Et vilainnement le leidirent
Et le despouillierent tout nu,
Tant qu'il l'eurent forment batu ;
Et quant pis ne li peurent feire
Li Juif, qui sunt de pute eire,   1060
Si le firent crucefier
En la crouiz et martirier;
Et sanz doute, se il veschist,
Vaspasien, se il vousist,
Garessist de sa maladie,
Ne fust si granz ne si antie. »
— « Or me dites, se vous savez,
Se vous dire le me volez,

Leur oïstes-vous unques dire
Pour quoi le mirent à martire? »   1070
— « Pour ce que il si le haoient
Qu'il oïr paller n'en povoient. »
— « Dites-moi en queu seignourie
Ce fu feit, n'en quele baillie. »
— « Sire, ce fu feit en Judée,
Que Pilates ha gouvernée,
Ki est desouz l'empereeur
De Romme et est de sa teneur. »
—« Oseriez-vous dire et retraire
Devant l'empereeur Cesaire   1080
Ce que vous m'avez ci conté ? »
Cil dist : « Oïl, par verité.
N'est hons devant cui ne l' déïsse
Et que prouver ne le vousisse. »

    Quant hostes ce escouté eut,
Tout errant au plus tost qu'il peut
Est à l'empereeur alez,
Si s'en est ou paleis entrez ;
L'empereeur apelé ha ;
Toute la chose li conta,   1090
Ce qu'eut oï dou pelerin,
De chief en chief dusqu'en la fin.

Quant l'empereres l'eut oï,
Si s'en merveilla mout ausi
Et dist : « Estre ce voir pourroit
Qu[e] tu m'as conté orendroit ? »
—« Si m'aiust Diex , sire , ne sai ,
Tout ainsi de lui oï l'ai.
Querre l'irei , se vons volez ;
Tout ainsi conter li orrez. »   1100
L'empereres ha respondu :
« Va le querre ; que targes-tu ? »
L'ostes en sa meison ala ,
Le pelerin arreisonna
Et dist : « L'empereres vous mande
Par moi, et si le vous commande
Que vous vigniez à lui paller. »
Li pelerins, sanz demourer ,
Ha dist : « Volentiers i irei ,
Quanqu'il demandera direi. »   1110
   Li pelerins est là venuz ,
Qui ne fu fous ne esperduz ;
L'empereeur a salué ,
Et après li ha tout conté
Quanque son hoste conté ot
Et la chose tout mot à mot.

L'empereres respont errant :
« Se c'est voirs que nous vas contant,
Tu seras mout très bien venuz ,
De richesces combles et druz. »   1120
    L'empereres ha ce entendu,
Ses hommes mande : il sunt venu ;
Et quant il furent assemblé,
Si leur ha tout dist et conté
Que li pelerins dist avoit ,
Et chaucuns s'en esmerveilloit.
Pilate à preudomme tenoient
Tout cil qui là ensemble estoient,
Et disoit chaucuns en son dist
Que Pilates pas ne soufrist ;   1130
Car ce fust trop grant desreison
Se il soufrist teu mesproison
En liu où seignourie éust ,
Puis que deffendre le péust.
Là eut Pilates un ami,
Qui dist qu'il n'estoit pas ainsi :
« Pilates est mout vaillanz hons,
Plus que dire ne pourrions;
Pour rien feire ne le leissast,
Se il contredire l'osast. »   1140

Lors unt le preudomme apelé
Et l'oste qui l'eust hostelé :
« Pelerin frere, par amour,
Ce qu'avez à l'empereour
Conté, s'il vous pleist, nous contez :
Les vertuz que véu avez,
Les biaus miracles de Jhesu,
Qui estoit de si grant vertu. »
Touz les miracles leur conta,
Si cum les vit quant il fu là ;   1150
Et a dist que, quant il estoit
Lau Pilates povoir avoit,
L'empereres force ne fist,
Meis que son fil li garissist ;
Et qui ce croire ne vouroit,
Que il sa teste i meteroit.
« Jà Pilates n'ou celera,
Quant on ce li demandera ;
Et qui de lui pourroit trouver
Aucune chose et aporter,   1160
Tost en pouroit estre sanez
Vaspasiens et respassez. »
Quant les genz ont ce dire oï,
Si en furent mout esbahi ;

Ne seurent Pilate rescourre
Ne à ce valoir ne secourre,
Fors tant qu'il li unt demandé
Que « se ce n'estoit verité,
Que vieus-tu c'on face de toi ? »
Il dist : « Mes despens donnez-moi   1170
Et si me metez en prison
En une soufisant meison,
Et si feites là envoier,
Enquerre bien et encerchier.
Se ce n'est voirs que dist vous ei,
Je vueil et si l'otroierei
Que la teste me soit coupée
Ou à coustel ou d'une espée. »
Tout dient qu'il ha dist assez,
Il l'otroient, et c'est ses grez.   1180
Adonc l'unt de toutes parz pris
Et en une chambre l'unt mis,
Si le firent là bien garder,
Que il ne leur puist eschaper.
    « Escoutez-moi tout, biau seigneur,
Ce leur ha dist l'empereeur.
Boen est que nous envoions là
Aucun message, qui saûra

Verité de ceste nouvele ;
Car mout seroit et boenne et bele ,   1190
Se cil miracle estoient voir ;
Et se nous poviammes avoir
Aucune chose qui men fil
Curast et ostast dou peril ,
Avenu bien nous en seroit
Et no chose bien en iroit. »
   Vaspasiens la chose oï,
Et touz li cuers l'en esjoï ;
Quant seut que li estranges hon
Estoit jà mis en la prison,   1200
Sa doleur li assouaga
Et ses maus touz li tresala.
Adonc ha sen pere proié
Que il , pour la seue amistié ,
Envoiast là en cele terre
Et pour savoir et pour enquerre
Se il voloit sa garison
N'oster hors de si vil prison
Com il estoit : trop estoit dure , .
Trop tenebreuse , trop obscure.   1210
L'empereres feit ses briés feire
(De ce ne me weil-je pas teire) ,

Qu'il mande à touz ceus de Judée,
As plus pouissanz de la contrée,
A Pilate especiaument,
Qu'il envoie à eus de sa gent,
Et commande que on les oie
De tout quanqu'il dirunt et croie
De la mort Jhesu qu'il ocistrent
Quant il en la crouiz le pendirent.   1220
L'empereres y envoia
Le plus sage homme qu'il trouva,
Qu'il voloit la chose savoir
Et enquerre trestout le voir;
Et si leur mande à la parclose,
Se il est morz, qu'aucune chose
Ki au preudomme éust esté,
Se il l'ont en leur poesté,
Que tantost la li envoiassent
Et pour rien nule n'ou leissassent.   1230
La garison sen fil queroit
Et Pilate mout menaçoit
Que, se c'est voirs qu'oï dire ha,
Granz maus avenir l'en pourra.
    Ainsi departent li message,
Et s'en vunt tout droit au rivage

De la mer et ès nés entrerent.
Boen vent eurent, la mer passerent ;
Et quant il furent arrivé ,
S'a l'uns à Pilate mandé,   1246
Qui mout estoit ses boens amis.
En sa lestre fist sen devis
Que de ce mout se merveilloit ,
Qu'il un homme pendu avoit
Et n'avoit pas esté jugiez :
Si en estoit mout courouciez.
« Certes, ce fu grant mesprison ;
Grant desavenant li fist-on.
Li messagier sont arrivé,
Que l'emperere ha envoié :   1250
Encontre eus erramment venez,
Car eschaper ne leur povez. »
     Pilates les nouveles oit
Que ses acointes li mandoit ;
Ses genz commanda à munter,
Car il voloit encontre aler
Les messages l'empereeur
Et recevoir à grant honneur.
Li messagier errant s'en vunt,
Car Pilate trouver vourrunt ;   1260

5 *

Pilates ausi chevaucha
Avec ceus qu'avec lui mena.
L'une compaigne l'autre voit
Ee (*sic*) Arimathye tout droit ;
Et quant il Pilate enconlrerent,
Joie feire ne li oserent,
Car certainnement ne savoient
Se il à Romme l'emmenroient.
Li uns les lestres li bailla.
Il ha lut ce que dedenz ha :   1270
Raconté li unt mot à mot
Ce que li pelerins dist ot.
Quant eut ce Pylates escouté,
Bien set que dient verité ;
O les messagiers vint arriere
Et leur ha feit mout bele chiere
Et dist : « Les lestres lutes ei,
Bien reconnois ce qu'i trouvei. »
La chose tout ainsi ala,
Et chaucuns d'eus se merveilla   1280
De ce que il reconnissoit
La chose ainsi comme ele aloit.
A grant folie puet tourner,
Se il ne s'en set descouper ;

Car il l'en couvenra morir :
Or mete peine à lui chevir.
Les messagiers ha apelé,
En une chambre sunt alé :
La chose à conseil leur dira.
Les wis de la chambre ferma   1290
Et si les fist mout bien garder,
Que les genz n'i puissent entrer;
Mieuz vieut que par lui le séussent
Que par autrui le connéussent.
Les enfances de Jhesu-Crist
Leur aconta toutes et dist
Trestout ainsi comme il les seut
Et que d'atrui oï en eut ;
Comment li Juif le haoient,
Ribaut souduiant l'apeloient;   1300
Tout ainsi comme il garissoit
Les malades quant il vouloit;
Con feitement il l'achaterent
Et paierent et delivrerent
De Judas, qui vendu l'avoit
Et qui ses deciples estoit;
Trestout le leit que il li firent,
Et comment chiés Symon le prirent,

Comment devant lui l'amenerent
Et comment il l'achoisonnerent.   1310

« Requirent moi que leur jujasse
Et que je à la mort le dampnasse ;
Je leur dis pas n'ou jugeroie,
Car reison nule n'i veoie.
Quant virent que n'ou vous jugier,
Si se prisent à couroucier,
Qu'il estoient genz mout puissant,
De richesces comble et mennant ;
Et il distrent qu'il l'ocirroient,
Que jà pour ce n'ou leisseroient.   1320
Ce pesoit moi certeinnement ;
Je dis à touz communément :
« Se mes sires riens demander
« M'en vouloit ne achoisonner,
« Respondre de ce que pourroie?
« La chose pas ne celeroie ;
« Que, se la vouloie celer,
« Par vous le pourroient prouver.
« Seuraus fust et seur leur enfanz
« Josnes et vieuz, petiz et granz,   133[
« Fust espanduz li sans Jhesu,
« Et ce en responderas-tu. »

Il le pristrent et l'emmenerent
Et le batirent et fraperent,
Et en l'estache fu loiez
Et en la crouiz crucefiez,
Et ce que vous avez oï
Avant que vous venissiez ci.
Pour ce que je voil qu'il séussent
Et que il bien l'apercéussent   1340
Vraiement que plus m'en pesoit
Assez que bel ne m'en estoit,
Et voloie estre nestoiez,
Car ce estoit trop granz pechiez,
Devant eus yaue demandei
Et erramment mes meins lavei,
Et dis qu'ausi nez fussé-ju
Dou mal et de la mort Jhesu
Comme mes meins nestes estoient
Qu'il d'yaue lavées veoient.   1350
J'avoie o moi un soudoier,
Preudomme et mout boen chevalier.
Quant fu morz, se l' me demanda;
Donnei li pour ce qu'il l'ama.
Li preudons Joseph non avoit,
Et sachiez que il me servoit

Tout adès à .v. chevaliers,
A beles armes, à destriers.
Unques ne voust aveir dou mien,
Fors le cors dou profete rien.   1360
Grant eschaance éust éue
Dou mien, se me fust eschéue.
Le prophete osta dou despist
Et en une pierre le mist,
Que il avoit feite taillier
Pour lui après sa mort couchier.
Et quant Joseph l'eut leenz mis,
Ne vi ne séu et si l'enquis;
Meis ne peu savoir qu'il devint,
Quel chemin ne quel voie tint.   1370
Espoir qu'il le nous unt ocis
Ou noié ou en chartre mis;
Ne que je vers vous povoir ai
N'avoit-il vers eus, bien le sai. »
    Quant li message unt ce escouté,
N'unt pas en Pilate trouvé
Si grant tort cum trouver quidoient :
« Nous ne savons, ce li disoient,
S'il fu ainsi cum dist nous has;
Et, se tu vieus, bien te porras   1380

Devant no seigneur descouper,
Se c'est voirs que t'oons conter. »
Pilates lor ha respondu :
« Tout ausi cum l'ei connéu,
Devant vous le connoisterunt
Et tout ainsi le conterunt. »
— « Or les nous fei donques mander,
Et dedenz un mois assembler
Trestouz ensemble en ceste vile ;
Gar qu'il n'i eit barat ne guille,   1390
Car nous assembler les feisuns
Pour ce qu'à eus paller vouluns. »
    Pylates ses messages prist,
Si leur ha commandé et dist
Que par toute Judée alassent
Et à touz les Juis nunçassent
Que sunt venu li messagier
L'empereeur dès avant-ier ;
Volentiers à eus palleroient,
S'il ensemble avoir les povoient.   1400
Il leissierent le mois passer,
Et Pilates ha feit garder
S'on pourroit riens avoir trouvé
Qui au prophete éust esté ;

Meis il ne peurent trouver rien
Qui leur féist grammment de bien.
　　Tout li Giue en Beremathye
S'assemblent à grant compeignie.
Pylates ha dist as messages
Une chose de quoi fu sages :   1410
« Avant paller me leisserez
As Juis, si que vous orrez
Ce que direi et il dirunt. »
Li messagier einsi feit l'unt.
Quant il furent tout assemblé,
Pylates ha premiers pallé :
« Vous veez ci, dist-il, seigneur,
Les messages l'empereeur ;
Savoir welent quès hons estoit
Cius qui on Jhesu apeloit,   1420
Qui de la loi se feisoit sires.
On leur ha dist qu'il estoit mires,
C'on ne pourroit meilleur trouver ;
L'empereres le feit mander,
Volentiers à lui palleroit.
Je leur ei dist que morz estoit,
Que vous deffeire le féistes
Pour ce que feire le vousistes :

Dites se ce fu voirs ou non. »

— « Ce fu voirs, jà n'ou celeron,   1430

Pour ce que il roi se feisoit

Et que nostres sires estoit.

Tu fus si mauveis que jugier

Ne le voussis ne ce vengier ;

N'en voussis penre vengement,

Ainz t'en pesoit par samblement ;

Et nous ne pourrions soufrir

Que il ne autres seignourir

Seur nous ne seur les noz péust,

Fors que Cesar, tant puissanz fust,   1440

Ne le méissians à la mort,

Car il nous feroit trop grant tort. »

Lors dist Pilates as messages :

« Ne sui si pouissanz ne si sages

Que je eusse seur eus povoir,

Qu'il sunt trop riche et plein d'avoir. »

Adonc ont dist li messagier :

« Encor n'aviens oï touchier

A la force de la besoigne ;

Je weil c'om le voir m'en tesmoigne.   1450

   « Seigneur, je vous weil demander

Se Pilates vous voust veer

Cel homme qui roi se feisoit;

Dites-le-moi, comment qu'il soit. »

— « Par foi, sire ! ainçois nous avint;

Et sachiez que il nous couvint

Que se en l'en demandoit rien,

Que nous l'en deliverriuns bien.

Se l'en voulez riens demander,

Nous suns tenu au delivrer;   1460

Nous i summes engagié, voir,

Et après nous trestout nostre oir.

Pilates autrement sa mort

Ne voust soufrir : dont il eut tort. »

  Li messagier unt entendu

Que Pilates n'a pas éu

Si grant tort comme tuit quidoient

Et cum les genz li tesmoignoient;

Il unt enquis et demandé

Qui estoit, de queu poesté,   1470

Cil prophetes dont on palloit.

Il respondent que il feisoit

Les plus granz miracles dou munde,

Qui le penroit à la roonde;

Pour enchanteeur le tenoient

Cil et celes qui le veoient.

Adonc dient li messagier :
« Saveriez-vous enseignier
Qui ha nule chose dou sien ?
Qui en aroit aucune rien   1480
Que nous en péussians porter,
Bien l'amerians à trouver. »
L'uns d'eus une femme savoit
Ki de lui un visage avoit,
Qu'ele chaucun jour aouroit;
Meis sanz doute qu'il ne savoit
Où pris l'eut ne se l'eut trouvé.
Adonc ont Pilate apelé ,
Se li content que cil dist ha;
Et Pilates li demanda   1490
Tantost comment avoit à non ,
En queu rue estoit sa meison.
« Verrine ha non, si n'est pas fole,
S'est en la rue de l'Escole. »
Quant Pilates seut où mennoit
Et comment ele à non avoit,
Il ha tantost envoié là ;
Par un message la manda.
Ele vint si tost com le sout;
Et Pilates, si cum Diex vout,   1500

Quant vist venir, se leva
Contre li ; si s'en merveilla
La poure femme, quant le vist,
De la grant honneur qu'il li fist.
Quant il si bienvignant l'eut feite,
Si l'a après d'une part treite
Et li dist : « Dame, une semblance
Avez d'omme en grant remembrance
En meison, que vous aourez :
Je vous pri que la nous moustrez,   1510
Se il vous pleist et vous voulez.
Riens n'i perdrez, jà n'en doutez. »
La fame fu toute esbahie,
Quant ele ha la parole oïe ;
Forment s'escondist et dist bien
Que de ce n'avoit-ele rien.
A ces paroles sunt venu
Li messagier et unt véu
La fame, ki venue estoit,
Et Pylates à li palloit.   1520
Li messagier l'unt acolée
Et grant joie li unt menée,
Et le besoig li unt conté
Pour quoi estoient assemblé ;

Dient li, s'ele ha en meison
Chose de quoi puist garison
Avoir li fiuz l'empereeur,
Ele en sera à grant honneur
Touz les jours meis que vivera,
Jameis honneur ne li faura.   1530
« On dist qu'ele ha une semblance
De Jhesu, dont feit remembrance ;
Et s'à vendre avoir la povons,
Mout volentiers l'achaterons. »
    Verrine voit bien et perçoit
Que descouvrir li couvendroit
Et que plus ne la puet celer,
Si se commence à escuser
Et dist : « Je ne la venderoie
Pour riens qui soit, ne ne donroie   1540
Ce que vous ci me requerez ;
Ainz couvient que tout me jurez,
Et vous et vostre compeignon,
Qu'à Romme, en vostre region,
Que sanz riens tolir me menrez
Et que vous riens ne me tourrez,
Et je avec vous m'en irei
Et ma semblance porterei. »

Quant li messagier ce oïrent,
Forment en leur cuers s'esjoïrent ;   1550
Il dient : « Nous vous emmenruns
A grant joie et vous jureruns
Trestout quanque vous devisez ;
Meis, s'il vous pleist, se nous moustrez
La semblance que demandons,
Car à vooir la desirruns. »
Tout li Juif qui là estoient,
Qui toutes ces paroles oient,
Dient qu'encor riche seroit
Et assez grant honneur aroit.   1560
Verrine as messagiers ha dist :
« Attendez-moi un seul petit,
Querre cele semblance irei
Et ci la vous aporterei. »
Ele muet d'ilec de randon,
Tantost s'en va en sa meison.
Quant fu en sa meison entrée,
Si ha sa huche deffermée
Et si ha prise la semblance ;
Et puis n'i ha feit arrestance,   1570
Dessouz sen mantel l'a boutée,
As messagiers est retournée.

Il se sunt contre li levé
Et grant honneur li unt porté.
Ele leur dist : « Or vous seez ,
Et puis le suaire verrez
Où Diex essua sen visage,
Cui li Juif firent outrage. »
Il se vunt trestout rasooir ;
Tantost cum la peurent vooir,   1580
Il les couvint touz sus saillir ,
Car il ne s'em peurent tenir.
La boenne femme ha demandé
Pour quoi il s'estoient levé.
Chaucuns respont, ne s'en puet teire :
« Par foi! il le nous couvint feire ,
Quant nous la semblance véimes ;
Feire l'estut, si le féimes.
Dame, font-il, pour Dieu nous dites
Où vous cest suaire préistes. »   1590
Ele respont : « Je vous direi ,
Comment m'avint vous conterei.
Un sydoine feit feire avoie
Et entre mes braz le portoie,
Et je le prophete encontrei
En ma voie par où ralei ;

Les meins avoit derrier liécs ,
A une couroie atachiées.
Pour le grant Dieu mout me prierent
Li Juif, quant il m'encontrerent ,   1600
Que men sydoine leur prestasse ,
Au prophete son vis torchasse.
Erramment le sydoine pris
Et li torchei mout bien sen vis,
Car il si durement suoit
Que touz ses cors en degoutoit.
Je m'en ving , et il l'emmenerent
Outre batant , mout le fraperent.
Mout li feisoient vilenie ;
Nepourquant ne se pleignoit mie.   1610
Et quant en ma meison entrei
Et men sydoine regardei ,
Ceste semblance y hei trouvée
Tout ainsi comme ele est fourmée.
Se vous quidiez qu'ele eit mestier
Ne qu'ele puist assouagier
Le fil à nostre empereeur
Ne lui feire bien ne honneur ,
Volentiers o vous m'en irei
Et avec moi la porterei. »   1620

Li messagier mout l'en mercient,
Car bien afferment et bien dient
Car mestier avoir leur pourra
Quant venu serunt par de là,
Car il n'unt nule rien trouvée
Qu'il aient si bien esprouvée
Comme ceste. Ainsi mer passerent
Et en leur terre s'en ralerent,
Or sunt à Romme revenu.
L'empereres mout liez en fu;   1630
Nouveles leur ha demandées
Comment les choses sunt alées,
Se li pelerins voir disoit.
Il dient de rien ne mentoit.
« Assez y ha plus que ne dist
Et de la honte et dou despist
Que il au prophete feit unt,
Ne point de repentance n'unt.
Pylates si grant tort pas n'a
Cum nous jugiuns par deçà. »   1640
    L'empereres ha demandé :
« Avez-me vous riens aporté
Qui à ce seint prophete fust
Ne qui men fil mestier eûst ? »

— « Oïl , sire, nous aportuns
Une chose que vous diruns. »
A ces paroles li conterent
Commen il la femme trouverent,
Qu'ele aveques li aportoit,
Tout ainsi cum la chose aloit.   1650
Li empereres, ce sachiez,
Quant l'oï , si en fu mout liez;
Il dist : « Bien avez esploitié
Et vos journées emploié ;
Vous aportez une merveille,
N'oï paller de sa pareille. »
Li empereres s'en ala
A la femme et la bienvigna ;
Dist li bien fust–ele venue,
Qu'il la feroit et pleinne et drue ,   1660
Pour ce qu'ele avoit aporté
A son fil et joie et santé.
Quant ele l'emperere oï ,
En son cuer mout s'en esjoï
Et dist : « Sire , vostre pleisir
Sui toute preste d'acomplir. »
La semblance li ha moustrée ,
Qu'avec li avoit aportée.

Quant la vist, iij foiz l'enclina
Et durement se merveilla,   1670
Et à la preude femme dist
Que meis teu semblance ne vist
D'omme ne ki si bele fust;
N'y avoit or, argent ne fust.
Entre ses deus meins prise l'a
Et en la chambre la porta
Où ses fiuz estoit emmurez,
Pour sa maladie enfermez;
Et à la fenestre la mist,
Si que Vaspasiens la vist;   1680
Et sachiez quant il l'eut véue,
N'avoit unques la char éue
Si sainne cum adonques l'eut,
Car Nostre-Seigneur ainsi pleut.
Lors ha dist : » Sires de pitié,
Qu'est-ce qui si m'a alegié
De toute ma grant maladie,
De mes doleurs ? ne les sent mie. »
    Vaspasiens s'est escriez :
« Errant ce mur me depeciez. »   1690
Si firent-il hysnelement,
C'onques n'i eu delaiement.

Quant eurent le mur depecié,
Trouverent le sain et hettié.
Ore unt bien la nouvele enquise
Où fu tele semblance prise
Ki ainsi tost gari l'avoit,
Ce que nus feire ne povoit;
Et il li unt trestout conté
Comment les choses unt alé.   1700
Il unt le pelerin hors mis
De la prison. Il ha enquis
Se c'estoit voirs que dist avoit
Dou prophete et s'ainsi estoit
Qu'il aient si preudomme ocis;
Il respondent qu'il est ainsis.
Au pelerin unt tant donné
Que riches fu tout son aé;
Et Verrine pas n'oublierent,
Meis granz richesces li donnerent.   1710
    L'enfès eut la nouvele oïe :
Sachiez que ce ne li plut mie,
Ainz en fu iriez durement
Et dist : « Trestout certainnement
La mort Jhesu achaterunt
Tout cil qui au feit esté unt. »

Il ha dist à l'empereeur :
« Jameis n'arei bien ne honneur
De si que l'arunt comparé ,
Se liu en ei et poesté. »   1720
Il ha dist après à son pere :
« N'estes pas rois ne emperere ;
Meis cil le doit estre pour voir
Qui seur nous touz ha tel povoir,
Qui de là où est ha donné
Teu vertu et teu poesté
A la semblance que voi ci
Que m'a si bien et tost gari :
Ce que hons feire ne péust ,
Vous ne autres , tant hauz hons fust;   1730
Meis cist ha seur touz le povoir ,
Et, certes, bien le doit avoir.
    « Biaus peres , jointes meins vous pri ,
Cum mon seigneur, cum mon ami ,
Que me leissiez aler vengier
La mort mon seigneur droiturier ,
Que cil larrun puant Juis
Unt si vileinnement oçis. »
L'empereres li respondi :
« Biaus fiuz , jou vueil, si vous en pri ; 1740

Feites vo volenté entiere,
N'i espargniez ne fil ne pere. »
Quant Vaspasiens l'entendi,
En son cuer mout s'en esjoï.
Ainsi firent, ainsi alerent,
Ainsi la semblance aporterent;
On l'apele la Veronique,
C'on tient à Romme à grant relique.
 Vaspasyanus et Tytus
Ilec ne sejournerent plus;   1750
Ainz unt tout leur oirre atournée,
Qu'il vuelent aler en Judée.
En mer entrent, la mer passerent,
Plus tost qu'il peurent arriverent;
Pylate funt errant mander,
Qu'il viegne tost à eus paller.
Pylates oit le mandement
Et set qu'il ameinnent grant gent:
Péur eut; nepourquant palla,
Vaspasyen arreisonna: 1760
« Sire, vous m'avez ci mandé :
Vez-moi ici tout apresté
De feire tout vostre pleisir,
Quanque j'en pourrei acomplir. »

Vaspasyens dist sanz targier :
« Je sui ci venuz pour vengier
La mort Jhesu, qui m'a gari. »
Quant Pylates ce entendi,
Si ha éu mout grant peeur,
Qu'il quida qu'à grant deshonneur   1770
Son cors et sen avoir perdist
Et c'on à la mort le mesist :
Pour ce estoit si espoventez
Qu'il quida que fust encusez.
Lors ha dist à Vaspasyen :
« S'oïr voulez, je direi bien
Qui ha éu ou droit ou tort
Dou prophete ne de sa mort. »
— « Oïl, dist-il, bien le voudroie,
Car plus aeisé en seroie. »   1780
— « En vo prison me meterez,
Et à touz les Juis direz
Que c'est pour ce que n'ou voloie
Jugier, ainçois le deffendoie. »
   Vaspasyens cinsi le fist
Cum Pylates li avoit dist.
Mandé sunt par toute la terre,
Ne les tiegne buie ne serre.

Quant il furent tout assemblé ,
Vaspasyens ha demandé   1790
Que il unt dou prophete feit :
Savoir le vieut tout entreseit ;
Plus estoit sires que ses peres
Ne rois ne dus ne empereres.
« Avez-vous feit que traïteur ,
Qui féistes tel deshonneur. »
Il distrent, li puant renoi ,
Que Pylates le soustenoit,
Et se tenoit par devers li.
« Nous ne voliuns pas ainsi ,   1800
Car trestout cil qui se funt roi
Dient contre ten pere et toi ;
Et Pylates adés disoit
Pour ce mort pas ne deservoit.
Nous ne voulsimes pas soufrir :
Qui roi se feit il doit morir.
Encor disoit plus grant boufois ,
Qu'il se clamoit le Roi des rois. »
Vaspasyens à ce respont :
« Pour ce l'ei feit mestre ou parfont   1810
De ma chartre, qu'oi avoie,
Enseurquetout bien le savoie ,

Qu'il avoit malement ouvré ;
Car plus que moi l'avoit amé.
Or vueil-je de par vous savoir,
Et si me dites tout le voir,
As qués de vous touz plus pesoit
De ce que seigneur se feisoit
Et roi et meistre des Juis
Et li qués l'en fist pour ce pis ,   1820
Comment vers lui vous contenistes
Le premier jour que le véistes ,
Et pour quoi en si grant haïne
Le queillites n'en teu cuerine,
Li quel dou grant conseil estoient
Et li quel mieuz vous conseilloient,
Toute l'uevre enterinement
Et trestout le commencement. »
Quant li Juif ce entendirent ,
En leur cuers mout s'en esjoïrent;   1830
Que ce fust pour leur preuz quidoient :
Pour ce plus s'en esjoïssoient
Que ce fust pour leur avantage
Pylates y éust damage.
Il dient au commencement
Trestoute la chose , comment

Cil Jhesus-Criz roi se feisoit
Seur eus touz, se leur en pesoit :
Pour ceste chose le haoient,
Si que vooir ne le povoient ;   1840
Et comment Judas le trahi
Et trente deniers le vendi :
Judas ses deciples estoit,
Mauveis en ce qu'il le vendoit ;
Celui qui les deniers paia
Li moustrerent, qu'il estoit là ;
Ceus qui le pristrent li moustrerent,
Et devant lui mout se vanterent
Dou despit, de la vilenie
Qu'il li firent (Diex les maudie !) ;   1850
Comment devant Pylate vintrent :
A lui se plaintrent et li distrent
Que il Jhesu à mort jujast
Et comme mauveis le dampnast.
« Certes, sire, il n'ou voust jugier
N'il ne le nous vouloit baillier,
S'on respondant ne li bailloit,
A cui il penre s'en pourroit,
S'on riens l'en vouloit demander ;
Bien s'en vouloit asséurer.   1860

Sanz doute seur nos le préimes
Et nos enfanz y aqueillimes.
Tout ainsi nous fu-il renduz
Et li sans de lui espanduz,
Que nous en fumes engagié
Et nostre enfant nous unt plegié :
Se nous en clamons tout à toi
De ce que nous fist tel desroi,
Et vouluns que tu nous en quites
Des couvenances devant dites. »   1870

   Vaspasyens ha ce oï :
Leur desloiauté entendi,
Leur malice dont plein estoient,
Si cum par eus bien le moustroient ;
Touz ensemble penre les fist,
En une grant meison les mist,
Si ha feit Pylate mander
Et hors de la prison giter.
Pylates est venuz devant,
A son seigneur va enquerant   1880
Se il avoit éu grant tort
Ou prophete ne en sa mort.
« Nennil, si grant cum je quidoie
Et cum dedenz men cuer jujoie, »

Pylate ester devant lui vist,
Commanda li et si li dist :
« Je vueil touz ces Juis destruire,
N'en i aura nul qui ne muire ;
Bien s'unt séu tout descouvrir
Pour quoi il doivent tout morir. »   1890
Devant lui les ha apelez,
Trente en ha d'une part sevrez ;
Assez feit chevaus amener
Et as queues les feit nouer,
Que touz trahiner les fera,
Jà un seul n'en echapera.
Ainsi fist le treitre destruire.
Li autre n'unt talent de rire ;
Meis mout durement s'esmaierent.
Pour quoi ce feisoit demanderent ;   1900
Il dist : « Pour la mort de Jhesu,
Qui si vilment demenez fu.
Ou tout vif le me renderez,
Ou tuit vileinnement morrez. »
— « Par foi ! à Joseph le rendimes,
Ne unques puis ne le véimes.
Joseph de la crouiz jus le mist,
Et nous ne savuns qu'il en fist ;

Et se tu Joseph nous rendoies,
Le cors Jhesu par lui rauroies. »   1910
Et Pylates leur respondi :
« Ne vous tenistes pas à lui ,
Ainçois le féistes garder ;
Trois jours féistes demourer
Vos gardes là où il le mist,
Et déistes qu'il avoit dist
Qu'au terz jour resusciteroit :
A ses deciples dist l'avoit.
Vous doutiez qu'il ne l'emblassent
Par nuit et qu'il ne l'emportassent,   1920
Et il féissent entendant
Que véu l'éussent vivant,
Et féissent les genz errer
En la creance et desvoier ;
Car, se il fust resurrexiz ,
Granz periuz fust et granz ennuiz, »
Vaspasiens dist que morir
Les couvient touz et si fenir.
Il respondent à une vouiz
Que tout ce ne vaut une nouiz ;   1930
Car Jhesu rendre ne pourroient,
Se Joseph ainçois ne ravoient.

Tant en ra feit morir à honte
Que je n'en sai dire le conte,
Ardoir en fist une partie :
Ainsi leur vieut tolir la vie.
Quant il virent qu'ainsi morir
Les couvendroit et departir,
S'en y eut un qui s'escria
A haute vouiz et demanda :   1940
« Et se je Joseph enseignoie,
Ma vie sauve averoie
Et ma fame et tout mi enfant ? »
Vaspasiens respont erant :
« Oïl, et si n'en doute mié,
N'i perderas membre ne vie. »
Tantost l'a à la tour mené
Où Joseph eurent enfermé,
Et dist : « Ci enz mestre le vi,
Et bien sai que puis n'en issi.   1950
Pilates par tout le feisoit
Querre ; meis trouver n'ou povoit. »
Lo[r]s demanda Vaspasyens
Combien povoit avoir de tens.
« Dites pour quoi ci le méistes
Et pour quoi ceenz l'enclossistes,

Et que vous avoit-il meffeit ? »
Il li conterent tout le feit,
Comment il le cors leur toli
Dou prophete, quant il transi,   1960
Et en tel liu repus l'avoit
Où nus trouver ne le pourroit
« Et que ravoir n'ou pourriuns.
Emblez nous fu, bien le savuns,
Et qu'il nous seroit demandez,
Ne ne pourroit estre trouvez.
Tout ensemble nous conseillammes
Que Joseph tout vif penriammes
Et que li touriammes la vie,
Si ne nous encuseroit mie ;   1970
Et qui Jhesu demanderoit,
Par Joseph Jhesu raveroit,
Car Joseph l'averoit éu :
Ainsi arians peis de Jhesu,
Que Joseph n'averoit-on mie,
Qu'il averoit perdu la vie.
Nous oins dire et tesmoignier
A ses deciples avant-ier
Que au tie[r]z jour resurrexi
Et dou sepulchre hors oissi :   1980

C'est ce pour quoi il fu ocis
Et dedenz ceste chartre mis. »
Vaspasyens leur demanda :
« Fu-il morz ainçois qu'il fust là,
Et se vous avant l'océistes
Et puis en la tour le méistes ? »
— « Nennil ; meis forment le batimes
Et puis là-dessouz le méismes
Pour les folies qu'il disoit
Et que à nous touz respondoit.   1990
Nous li demandiuns Jhesu,
Qu'emblé nous avoit et tolu. »
— « Or me dites se vous creez
Que il soit morz ne trespassez. »
Il respondent trestout ensemble :
« Nous ne savuns ; meis il nous semble
Qu'il ne pourroit pas estre vis :
Trop ha lonc tens qu'il fu ci mis. »
    Vaspasyens leur ha moustré :
« Bien le pourroit avoir gardé   2000
Cil méismes qui m'a gari
Et m'a donné que je sui ci ;
Car je sai bien qu'il n'est nus hon
Qui le péust feire s'il non,

Et bien voi que c'est veritez
Que pour lui fu-il emmurez,
Et voirs est que donnez li fu,
Et pour lui l'avez-vous batu.
Je ne quit mie ne ne sent
Que Jhesus si vileinnement   2010
L'éust cilec leissié morir;
Je weil garder tout à loisir. »
Lors li unt le bouch'uel osté,
Et il ha dedenz regardé,
Huche le; meis pas ne respont.
Li Juif dient que ce sunt
Merveilles s'il ha tant duré,
Qu'il y ha longuement esté,
C'onques n'i bust ne n'i menja
Ne confort nul éu n'i ha.   2020
Li rois dist pas ne quideroit
Qu'il fust morz, s'il ne le veoit;
Une grant corde ha demandée,
Et on li ha tost aportée.
Pluseurs fois le ra apelé,
Et il ne li ha mot sonné.
Quant vist qu'il ne responderoit,
S'est avalez là-jus tout droit;

Et quant il avalez fu là,
De çà et de là regarda.   2030
En un clotest esgarde et voit
Une clarté qui là estoit :
La corde treire commanda
Amont et ou clotest ala.
   Quant Joseph Vaspasyens vist,
Contre lui se lieve et li dist :
« Vaspasyen, bien viegnes-tu !
Que viens-tu querre, que vieus-tu ? »
Quant Vaspasyent s'oït nummer,
Commença soi à merveillier   2040
Et dist : « Qui t'a mon non apris ?
Une respondre ne me voussis
Oreinz quant de là t'apelei,
Et pour ce çà-jus avalei.
Di-me qui tu ies, par ta vie ! »
— « Joseph sui, diz d'Arymathye. »
Et quant Vaspasyens l'entent,
Si s'en est esjoïz forment
Et dist : « Cil Diex benooiz soit
Qui t'a sauvé ici endroit !   2050
Car nus ne puet ce sauvement
Sanz lui feire, n'en dout neent. »

Adonc andui s'entr'acolerent,
Par grant amour s'entre-beisierent.
Lors ha demandé et enquis :
« Joseph, qui t'a men nun apris ? »
Et Joseph tantost li respont :
« Cil qui ha apris tout le munt. »
    Vaspasyens à Joseph dist
Par amours qu'il li apréist   2060
Qui fu cil qui gari l'avoit
Dou mal qui si vileins estoit.
Joseph dist : « De queu maladie ? »
Cil respont : « De meselerie.
Si vileinne iert et si puant
Car nus ne séist autretant
Ne fust lez moi qu'ei ci esté,
Pour tout l'avoir d'une cité. »
Quant Joseph l'a bien entendu,
Si s'en rist et dist : « N'ou sez-tu   2070
Qui t'a gari ? Je te dirai,
Car tout certeinnement le sai.
Se voloies savoir son non,
Par foi ! bien le te diroit-on.
Il coūvendroit qu'en lui créisses
Et ses commandemenz féisses,

Et je mout bien les te diroie
Et la creance t'apenroie.
Et tout quanqu'il m'a commandé,
Par lui-méismes enhorté. »   2080
Vaspasyens dist : « Jou creirei
Et mout volentiers l'aourrei. »
     — « Vaspasyen, enten mes diz.
Je croi que c'est li Sainz-Espriz
Qui trestoutes choses fourma,
Et ciel et terre et mer feit ha ;
Les nuiz, les jours, les elemenz
Fist-il et touz les quatre venz ;
Il fist et cria les archangles
Et tout ensemble fist les angles.   2090
De mauvcis en y eut partie,
Plains d'orgueil et de felonnie
Et d'envie et de couvoitise
Et de haïne et de faintise,
De luxure et d'autres pechiez ;
Se les eut Diex tost trebuchiez
Çà-aval, que pas ne li plurent.
Trois jours et iij. nuiz adès plurent,
Qu'ainz plus espessement ne plut
Pluie qui si grevanz nous fust.   2100

Trois generacions chéi
En Enfer et en terre ausi.
Cil qui chéirent en Enfer
(Leur meistres en est Lucifer)
Tourmentent en Enfer les ames ;
Li autre tourmentent les femmes
Et les hommes qui sus la terre
Chéirent et mestent en guerre
Trop grant envers leur createur.
Honte li funt et deshonneur   2110
En ce qu'il pechent trop griément
Contre lui et vileinnement ;
Et li angle leur unt moustré ,
Qui sunt en terre demouré,
Et si les mestent en escrist :
Ne vuelent pas c'on les oblist.
Les autres trois si demourerent
En l'eir et ilec s'arresterent ;
D'engignier unt autre menniere ,
Qui n'est pas à penre legiere ,   2120
Qu'il prennent diverses semblances.
Leur darz, leur javeloz , leur lances,
Pour decevoir, as genz envoient,
Et de bien feire les desvoient.

Ainsi sunt leur genelogyes
Et sunt par trois foiz trois foïes.
Le mal et l'enging aporterent
En terre et trestout l'i leissierent,
Le barat et la tricherie,
Ire, luxure et glouténie.   2130
Li autre qui sunt demouré
Ou ciel, si furent confermé,
Qu'il ne pourrunt jameis pechier;
Garderunt soi de l'encombrier
Que li autre se pourchacierent
Quant ou ciel méisme pechierent,
Et de la honte et dou despist
Que Diex pour leur orgueil leur fist.
    « Ainsi furent bien confundu
Li angle que Diex eut perdu,   2140
Et couvint qu'il homme fourmast
Et pour ce despist le criast;
Ausi bel le fist comme lui :
Ainsi li plut et abeli.
Puissance d'aler, de venir,
De paller, vooir et d'oïr,
Sens et memoire li donna,
Et dist que de lui remplira

Touz les sieges de Paradis ,
Où li angle estoient jadis. 2150
Ainsi fu hons feiz et fourmez
Et en Paradis hostelez ,
Car Diex méismes l'i mena
Et qu'il feroit li enseigna.
Pour reposer là se coucha ,
Et Diex de sa coste fourma
Sa fame , qu'il li ha donnée ;
Adans l'a Evein apelée.
De ces deus suns-nous tout venu ,
Meis par ce fumes confundu ; 2160
Car quant li Ennemis ce vist ,
Si en eut mout très grant despist
Que li hons , qui de boue estoit ,
Les sieges dou ciel rempliroit.
A Eve vint, si l'engingna
Par la pomme qu'ele menja.
Par l'enhortement l'Ennemi
S'en fist Adam mengier ausi ;
Et quant il en eurent mengié ,
De Paradis furent chacié , 2170
Car li lius pechié ne consent
N'à nul mal feire ne s'estent ;

Et si les couvint labourer
Et leur cors en sueurs tenner.
De ces deus fu li monz criez.
Et Deables fu si irez
Que il touz avoir les vouloit,
Pour ce que hons consentu avoit
A acomplir sa volenté ;
Meis li vrais Diex, par sa bonté,   2180
Pour s'uevre qu'avoit feit sauver
(Ainsi le vout-il ordener),
En terre sen fil envoia,
Qui avecques nous conversa.
Nez fu de la virge Marie
Sanz pechié et sanz vilenie,
Sanz semence d'omme engenrez,
Sanz pechié concéuz et nez :
Ce fu cil-méismes Jhesus
Qui o nous conversa çà-jus   2190
Et qui les miracles feisoit ;
Touz jours à bien feire entendoit,
Unques n'ouvra mauveissement,
Ainz feisoit bien et sagement ;
Ce fu cil qui par les Juis
Fu en la crouiz penduz et mis

Ou fust de quoi Eve menja
La pomme, et Adans li eida.
Ainsi voust Diex li Fiuz venir
Pour sen pere en terre morir;   2200
Cil qui de la Virge fu nez,
Par les Juis morz et dampnez,
Ainsi nous voust touz racheter
Par son sanc des travauz d'Enfer.
Diex li Peres, Jhesus li Fiz,
Et méismes li Sainz-Espriz,
Tu doiz croire, n'en doute mie,
Que cil troi funt une partie.
Voo[i]r le puez qu'il t'a gari;
Et se t'a amené ici   2210
Pour vooir se il m'a sauvé,
Nus fors lui n'i ha poesté;
Et tu le commandement croi
De ses deciples et de moi,
A cui Diex le voust enseignier
Pou[r] son non croistre et essaucier. »
    Vaspasyens ha respondu:
« Je t'ei mout très bien entendu
De Dieu le Pere, Dieu le Fil,
Dou Saint-Esprist que Diex est-il;   2220

Une seule persone sunt
Cil troi et tout un povoir unt.
Tout ainsi le croi et crerei,
N'autrement croire n'ou vourrei. »
Joseph dist : « Si tost cumme istras
De ci et de moi partiras,
Quier les deciples Jhesu-Crist
Qui tiennent ce que il leur dist;
Car il sevent ce qu'il donna
Et quanque à feire commanda.   2230
Il est de mort resuscitez,
A son pere s'en est alez,
O soi hà nostre char portée
En Paradis gloirefiée. »
Joseph tout ainsi convertist
Vaspasyen et entroduist,
Si que il croit bien fermement
Jhesu le roi omnipotent.
Vaspasyens ha apelé
Ceus qui l'avoíent avalé,   2240
Si que il bien entendu l'unt,
Encor fust-il bien en parfunt.
De ce se sunt mout merveillié;
Li Juif n'en serunt pas lié,

Vaspasyens prent à huchier
Qu'il voisent la tour depecier,
Qu'il ha Joseph leenz trouvé
Tout sein de cors et tout heitié.
Quident que ce estre ne peust,
C'onques n'i menja c'on séust.   2250
Li serjant queurent, quant l'oïrent,
Et errant depecier la firent.
Li rois de la prison oissi,
Joseph amena avec lui.
Dient li viel et li enfant
Que la vertu de Dieu est grant.
  Or fu Joseph touz delivrez,
Devant les Juis amenez.
Quant le virent et le connurent,
Li Juif esbaubi en furent;   2260
Comment (sic) soi à merveillier,
Quant le voient sein et entier.
Lors leur ha Vaspasyens dist :
« Rendez-moi tantost Jhesu-Crist,
Que vez ci Joseph en present. »
Il respondent communément :
« Certes, sire, nous li baillames
Et bien set que nous li leissames ;

Die-nous qu'il est devenuz,
Qu'il en fist, bien en iert créuz. »   2270
Joseph respondi as Juis :
« Bien séustes où je le mis ;
Car vous le féistes garder,
Que il ne péust eschaper.
Vo chevalier trois jours i furent,
Par jour et par nuit ne s'en murent.
Sachiez qu'il est resuscitez
De mort à vie, or m'en crez.
Tantost en Enfer s'en ala
Et touz ses amis en gita,   2280
En Paradis les ha menez,
Comme Diex est lassus muntez. »
Li Juif furent esbahi,
C'onques meis ne le furent si.
Vaspasyens à un seul mot
Fist des Juis ce que lui plot.
Celui qui avoit enseignié
Lau Joseph avoient mucié,
Fist mestre en mer à grant navie,
Avec lui toute sa lignie ;   2290
En veissiaus les empeint en mer :
Or peurent par l'iaue vaguer.

Li rois à Joseph demanda
Comment ce Juis sauvera.
A ce Joseph ne se tust mie :
« S'il vuelent croire ou Fil Marie,
Qui sires est de charité :
C'est en la sainte Trinité,
Ou Pere, ou Fil, ou Seint-Esprist,
Si con no loi l'enseigne et dist. »   2300
Vaspasyens a feit savoir
A ceus de sen païs, pour voir,
Se Juis vuelent acheter,
xxx en donra pour un denier ;
Si grant marchié leur en fera,
Tant cumme à vendre en y ara.
Joseph une sereur avoit,
Enygeus par non l'apeloit ;
Et sen serourge par droit non,
Quant vouloit, apeloit Hebron.   2310
Hebrons forment Joseph amoit,
Pour ce que mout preudons estoit.
Qnant Brons et sa femme perçurent
Que Joseph vivoit, lié en furent
Et l'alerent errant vooir,
Quant seurent où estoit, pour voir;

9

Et li unt dist : « Joseph , de fi ,
Sire , nous te crions merci. »
Quant Joseph ha ce enteudu ,
Mout liez et mout joianz en fu   2320
Et dist que « ce n'est pas à moi ,
Meis au Seigneur en cui je croi ,
Le fil la seintisme pucele
Marie , qui fu Dieu ancele.
Celui servuns , celui amons
Qui m'a sauvé , celui creons ,
Et dès ore meis en avant
Devons tout estre en lui creant. »
Lors fist Joseph par tout crier
Se nul en y ha qui sauver   2330
Se vueille et croire en Jhesu-Crist ,
Il les hostera dou despist
Nostre-Seigneur et de tourment ,
Ce leur fera-il soutément;
Et cil à leur amis pallerent ,
Qui le greent et otroierent
Qu'il creroie[n]t tout entreseit
Et quanqu'il vouroit seroit feit.
Et Joseph leur ha dist à tant :
« Ne me feites pas entendant   2340

Mençonge, pour péur de mort :
Vous l'achateriez trop fort. »
Il li dient : «Fei ten pleisir ;
Nous ne t'oserians mentir. »
Joseph dist : « Se vous me voulez
Croire, pas ci ne demourrez ;
Ainçois leirez vos heritages,
Vos terres et vos hesbergages,
Et en eissil nous en iruns :
Tout ce pour amour Dieu feruns. »   2350
Il dient ce ferunt-il bien.
Joseph va à Vaspasyen,
Si li pria qu'à cele gent
Pardonnast tout sen mautalent,
Pour amour de lui le féist;
Vaspasyens ainsi le fist.
    Vaspasyens ainsi venja
La mort Jhesu, qu'il mout ama.
Quant Joseph eut si esploitié,
A Vaspasyen prist congié   2360
Et d'ileques se departi ;
Ses genz mena aveques li,
En lointeinnes terres alerent
Et là longuement demourerent.

A ce qu'il demourerent là,
Boens enseignemenz leur moustra
Joseph et bien les enseignoit,
Car il feire bien le savoit;
Commanda-leur à labourer,
Et ce firent sanz rebouler :   2370
Si ala leur afeires bien
Grant tens, et ne leur falli rien;
Meis après ala malement,
Et si vous conterei comment :
Quar tout ce quanques il feisoient,
Par jour et par nuit labouroient,
Aloit à mal. A ce soufrir
Ne se vourrent plus aboennir.
Et cil maus qui leur avenoit,
Pour un tout seul pechié estoit,   2380
Qu'avoient entr'eus commencié;
Mout en estoient entechié :
C'iert pour le pechié de luxure,
Pour teu vilté, pour tele ordure.
Quant virent qu'il ce endurer
Ne peurent ne ce mal tenser,
A Hebron sunt venu tout droit,
Qui mout bien de Joseph estoit;

Si li dient tout bien les fuient,
Toutes mescises les poursuient, 2390
« N'unques si granz genz cum nous suns
Tant n'eurent mal cum nous avuns ;
Nous soufruns meseise trop grant,
Unques genz n'en soufrirent tant :
Si te vouluns pour Dieu prier
Que le voises Joseph nuncier
Car nous tout si de fein moruns,
Par un petit que n'enragons.
Nous avons defaute trop grant,
Et nos femmes et nostre enfant. » 2400
Et quant Hebruns ha ce entendu,
Mout grant pitié en ha éu
Et si leur ha bien demandé
S'il unt longuement enduré.
« Oïl, certes, il ha lonc tens ;
Tant cum péumes l'endurens.
Pour Dieu si te voluns prier,
Va-t'en à Joseph conseillier
Pour quoi ce nous est avenu ,
Que nous avons trestout perdu, 2410
Par nos pechiez ou par les siens
Qu'einsi avons perduz nos biens. »

9 *

Hebrons respont qu'il i ira,
Volentiers li demandera.
Lors vient à Joseph, si li conte
La grant meseise et la grant honte
Que ses genz entour lui soufroient
Et le meschief que il avoient ;
Si prient c'um leur leit savoir
De ceste chose tout le voir.   2420
Lors ha pris Joseph à prier
De cuer loial, fin et entier,
Le Fil Dieu que savoir li face
De tout cest afeire la trace.
Lors s'est Joseph à douter pris
Que il n'éust vers Dieu mespris
Et feit chose dont courouciez
Fust Diex vers lui, n'en est pas liez.
Puis dist : « Hebron, je le sarei ;
Et se le sai, j'ou vous direi. »   2430
    Joseph à sen veissel s'en va
Et tout plourant s'agenouilla
Et dist : « Sire, qui char presis
En la Virge et de li nasquis,
Par ta pitié, par ta douçour,
I venis, et pour nostre amour

Entre nous vousis converser
Pour ta creature sauver
Qui à toi vourroit obéir,
Ta volenté feire et suir.   2440
Sire, tout ausi vraiement
Com vif, vous vi mort ensement
Si cumme après la mort te vi
Vivant à moi paller ausi
En la tour où fui emmurez,
Où me féistes granz bontez;
Et là, sire, me commandastes,
Quant vous ce veissel m'aportastes,
Toutes les foiz que je vourroie   2450
Secrez de vous, que je venroie
Devant ce veissel precieus
Où est vostres sans glorieus.
Ainsi vous pri-je et requier
Que vous me vouilliez co[n]seillier
De ce que cele gent demande
(Faute unt de pein et de viande),
Que puisse ouvrer à vo pleisir
Et vo volenté acomplir.»
Lors ha à Joseph la vouiz dist,
Ki venue est dou Saint-Esprist :   2460

« Joseph, or ne t'esmaie mie :
N'as coupes en ceste folie. »
— « Sire, dunques par ta pitié
Suefre touz ceus qui unt pechié
Que les ost de ma compeignie. »
— « Joseph, ce ne feras-tu mie ;
Meis une chose te commant,
C'iert en senefiance grant :
Ten veissel o mon sanc penras ;
En espreuve le meteras   2470
Vers les pecheeurs en apert,
Le veissel tout à descouvert.
Sonvigne-toi que fui venduz,
Trahiz et foulez et batuz.
Et tout adès bien le savoie ;
Meis unques paller n'en vouloie
Devant que je fui chiés Symon,
Où estoient mi compeignon ;
Et dis qu'aveques moi menjoit
Qui le mien cors trahir devoit.   2480
Cil qui seut qu'il aveit ce feit
Honte eut, arriers de moi se treit ;
Ainz puis mes deciples ne fu ;
Meis un autre en y eut en liu.

En sen liu ne sera nus mis
Devant que i soies assis.
Tu sez bien que chiés Symon fui
A la taule, où menjei et bui :
Ileques vi-je men tourment,
Qui me venoit apertement.   2490
Ou non de cele table quier
Une autre et fei appareillier,
Et appar[i]llie l'aras.
Bron te serourge apeleras.
Bros tes serourges est boens hon,
De lui ne venra se bien non.
Si le fei en cele iaue aler,
Un poisson querre et peeschier;
Et le premier que il penra,
Tout droit à toi l'aportera.   2500
Et sez-tu que tu en feras ?
Seur cele table le metras.
Puis pren ten veissel et le mest
Sus la table, lau mieuz te pleist;
Meis qu'il soit tout droit emmi liu;
Et là endroit te serras-tu
Et le cuevre d'une touaille.
Quant auras ce feit sanz faille,

Adonc repenras le poisson
Que t'avera peschié Hebron.   2510
D'autre part le mest bien et bel
Tout droit encontre ten veissel;
Et quant tu tout ce feit aràs,
Tout ten pueple apeler feras
Et leur di que bien tost verrunt
Ce de quoi dementé se sunt,
Qui par pechié ha deservi
Pour quoi leur est meschéu si.
Adonc quant tu seras assis
En cel endroit là où je sis   2520
A la Cene, quant je i mengei
O mes deciples qu'i menei,
Bron assié à ta destre mein :
Lors si verras trestout de plein
Que Brons arriere se treira
Tant comme uns hons de liu tenra.
Icil lius wiz si senefie
Le liu Judas, qui par folie
De nostre compeignie eissi
Quant s'aperçut qu'il m'eut trahi.   2530
Cil lius estre empliz ne pourra
Devant qu'Enygeus avera

Un enfant de Bron sen mari,
Que tu et ta suer amez si ;
Et quant li enfès sera nez,
Là sera ses lius assenez.
Quant tout ce feit ainsi aras,
Ten pueple à toi apeleras ;
Et leur di , se il bien creu unt
Dieu le pere de tout le munt   2540
Et le Fil et le Seint-Esprist,
Si cum apris l'avoit et dist
(C'est la benoite Trinité,
Ki est en la sainte unité),
Et de touz les commandemenz
Et touz les boens enseignemenz
Que je enseignié leur avoie,
Quant à eus touz par toi palloie,
Des trois vertuz ki une funt;
Se trestout ce bien gardé unt   2550
Que il n'en unt trespassé rien,
Viegnent sooir, tu le vieus bien,
A la grace Nostre-Seigneur,
Qui as suens feit bien et honneur. »
    Joseph fist le commandement
Nostre-Seigneur tout pleinnement,

Et tout ausi les apela
Cum Diex endoctriné li ha.
Dou pueple assist une partie,
Li autre ne s'assistrent mie.   2560
La taule toute pleinne estoit,
Fors le liu qui pleins ne pooit
Estre ; et cil qui au mengier
Sistrent, si eurent sanz targier
La douceur, l'acomplissement
De leur cuers tout entierement ;
Et cil qui la grace sentirent,
Assez errant en oubli mirent
Les autres qui point n'en avoient.
L'uns de ceus qui se seoient,   2570
Qui Petrus apelez estoit,
Regarde delez lui et voit,
Ceus qui estoient en estant
Va mout très humlemeut priant :
« Par amours, or me dites voir,
Povez-vous sentir ne savoir
Riens de ce bien que nous sentuns ? »
Cil respondent : « Riens n'en avuns. »
Adonques leur ha dist Petrus :
« De ce ne doit douter hons nus   2580

Que vous ne soiez entechié
De ce vil dolereus pechié
Dont Joseph enquerre féistes
Et pour quoi la grace perdistes. »
Adonc pour la honte qu'il unt;
De la meison issu s'en sunt.
Un en y eut qui mout ploura
Et mout leide chiere feit ha.
Quant li services fu finez,
Si s'est chaucuns d'ilec levez.　　　　　　　　　2590
Entre les autres sunt aléz ;
Meis Joseph leur ha commandé
Que il revignent chaucun jour
A cele grace sanz demour.
Ainsi ha Joseph percéu
Les pecheeurs et connéu :
Ce fu par le demoustrement
De Dieu le roi omnipotent.
Par ce fu li veissiaus amez
Et premierement esprouvez.　　　　　　　　　2600
　　Ainsi eurent la grace là,
Ki mout longuement leur dura.
Li autre ki dehors estoient,
A ceus dedenz mout enqueroient :

« Que vous semble de cele grace ?
Que sentez-vous qu'ele vous face ?
Et qui vous ha ce don donné,
Ne qui vous ha en ce enfourmé ? »
Cil respondent: « Cuers ne pourroit,
A pourpenser ne soufiroit   2610
Le grant delit que nous avuns
Ne la grant joie en quoi nous suns,
Qu'il nous y couvient demourer
Dusqu'au matin et sejourner.
Don puet si grant grace venir,
Ki ainsi feit tout raemplir
Le cuer de l'omme et de la femme
Et de bien refeit toute l'ame ? »
Lors leur ha Joseph respondu :
« Ce vient dou benooit Jhesu,   2620
Qui Joseph sauva en prison,
Où il estoit mis sanz reison. »
— « Cil veissiaus qu'avuns or véu,
Unques meis moustrez ne nous fu ;
Que ce puet estre ne savuns,
Tant soutillier nous y puissuns. »
Cil dient: « Par ce veissel-ci
Summes-nous de vous departi,

Car il n'a à nul pecheour
Ne compaignie ne amour. »   2630
— « Vous le povez mout bien vooir.
Mcis or me dites tout le voir ,
Quel talent ne queu volenté
Vous éutes ne quel pensé
Quant on vous dist : « Venez sooir. »
Et si repovez bien savoir
Li queus feisoit ce grant pechié ,
Pour qu'ietes de grace chacié. »
    Cil dient : « Nous nous en iruns
Comme chetif et vous leiruns;   2640
Meis, s'il vous pleist, nous aprenez
(Bien savuns que vous le savez)
Que diruns quant on nous dira
Pour quoi vous avuns leissié çà. »
— « Or escoutez que respondrez
Quant de ce oposé serez ,
Et si respondrez verité :
Qu'à la grace suns demouré
De Dieu no pere Jhesu-Crist
Et ensemble dou Saint-Esprist ,   2650
Tout confermé en la creance
Joseph et en sa pourveance. »

— « Et qucu sera la renummée
Do veissel qui tant vous agrée ?
Dites-nous, comment l'apele-on
Quant on le numme par son non ? »
Petrus respont : « N'ou quier celer,
Qui à droit le vourra nummer ,
Par droit Graal l'apelera ;
Car nus le Graal ne verra ,   2660
Ce croi-je, qu'il ne li agrée :
A touz ceus pleist de la contrée,
A touz agrée et abelist ;
En li vooir hunt cil delist
Qui avec lui pueent durer
Et de sa compeignie user,
Autant unt d'eise cum poisson
Quant en sa mein le tient uns hon
Et de sa mein puet eschaper
Et en grant iaue aler noer. »   2670
Quant cil l'oient, se l' greent bien ;
Autre non ne greent-il rien
Fors tant que Gaal (*sic*) eit à non :
Par droit agreer s'i doit-on.
Tout ainsi cil qui s'en alerent
Et cil ausi qui demourerent

Le veissel unt Graal nummé
Pour la reison que j'ei conté.
　Li pueples qui là demoura,
A l'eure de tierce assena　　　　　　　2680
Car quant à ce Graal iroient
Sen service l'apeleroient ;
Et, pour ce que la chose est voire,
L'apelon dou Graal l'Estoire,
Et le non dou Graal ara
Dès puis le tens de là en çà.
　Ces fauses genz qui s'en alerent
Un de leur compeignons leissierent,
Qui Moyses à non avoit
Et au pueple sage sembloit,　　　　　　2690
En lui gueitier bien engigneus
Et en paroles artilleus ;
Bien commençoit et bien finoit,
En sa conscience feisoit
Et semblant que il sages fust
Et que le cuer piteus éust.
Dist ne se movra entreseit
D'avec ces genz que Diex si peit
De la grace dou Seint-Esprist.
Lors ploura et mout grant duel fist　　　2700

Et triste chiere et trop piteuse,
Par semblance trop merveilleuse ;
Et s'aucuns delez lui passoit,
De la grace mout li prioit
Que pour lui devant Joseph fust,
Que il de lui merci éust.
Ce prioit menu et souvent,
Ce sembloit, de cuer simplement :
« Pour Dieu ! priez Joseph que j'aie
De la grace ki nous apaie. »   2710
Par meintes foiz proia ainsint,
Tant qu'à une journée avint
Qu'il estoient tout assemblé ;
De Moyses leur prist pité,
Et dirent qu'il en palleroient
A Joseph et l'en prieroient.
Quant tout ensemble Joseph virent,
Trestout devant ses piez chéirent,
Et li prie chaucuns et breit
Qu'il de Moyset pitié eit ;   2720
Et Joseph mout se merveilla
De ce que chascuns le pria,
Et leur ha dist : « Vous, que voulez ?
Dites-moi de quoi vous priez. »

Il respondent hisnelement :
« Li plus granz feis de nostre gent
S'en sunt alé et departi ;
Un seul en ha demouré ci,
Qui pleure mout très tenrement
Et crie et feit grant marrement,   2730
Et dist que il ne s'en ira
De ci tant comm' il vivera.
Il nous prie que te prions,
De la grace que nous avuns
Icilec en ta compeignie
A grant joie et à seignourie,
Qu'avec nous en soit parçonniers ;
Car nous le vouluns volentiers. »
Joseph respont sanz reculer :
« Ele n'est pas moie à donner,   2740
Car nostres sire Diex la donne
Là où il vieut à tel persone.
Cil cui il la donne, pour voir,
Sunt tel qu'il la doivent avoir ;
Et cil, espoir, n'est pas iteus
Comme il se feit, bien le set Dieus.
Ce devuns savoir, non quidier,
Que il ne nous puet engignier.

S'il n'est boens, si s'engignera

Et tout premiers le comparra. »   2750

— « Sire, nous avuns grant fiance,

Et se pert bien à sa semblance. »

· · · · · · · · · · · · · · · · · · · ·

« Vous voussistes au darriens

Soufrir les tourmenz terriens,

Et voussistes la mort soufrir

Et pour nous en terre morir.

Si vraiement com me sauvastes

En la prison et m'en gitastes,

Où Vaspasyens me trouva

Quant il en la chartre avala,   2760

Et en la prison me déistes,

Quant vous ce veissel me rendistes,

Qu'adès quant je vous requerroie,

Quant de riens encombrez seroie,

Sanz targier venriez à moi ;

Si voirement com en vous croi,

Moustrez-moi que est devenuz

Moyses ne s'il est perduz,

---

*Il semble exister ici dans le manuscrit une lacune d'au-
moins deux feuillets.

Que le sache certeinnement
Et dire le puisse à ma gent,   2770
Que tu par ta grant courtoisie
M'as ci donné en compeignie. »
    La vouiz à Josep[h] s'apparu
Et se li ha ce respondu :
« Joseph, or est à ta venue
La senefiance avenue
Que te dis quant fundas
La table, qu'en liu de Judas
Seroit cil lius en remembrance,
Que il perdi par signorance   2780
Quant je dis qu'il me trahiroit
Et cil lius rempliz ne seroit
Devant le jour dou Jugement,
Qu'encor attendent toute gent,
Et tu-méismes l'empliroies
Adonc quant tu raporteroies
La souvenance de ta mort;
Meis le te di pour ton confort,
Que cist lius empliz ne sera
Devant que li tierz hons venra   2790
Qui descendra de ten lignage
Et istera de ten parage,

Et Hebruns le doit engenrer
Et Enygeus ta suer porter ;
Et cil qui de sen fil istra ,
Cest liu méismes emplira.
De Moyses , qui est perduz ,
Demandes qu'il est devenuz :
Or escoute , et jou te direi ;
Car bien dire le te sarei.   2800

« Quant si compeignun s'en alerent
Et ci avec vous le leissierent ,
Ce que il touz seus demoura
Qu'o les autres ne s'en ala ,
Ce fist-il pour toi engignier ;
Or en ha reçut sen louier.
Ne povoit croire ne savoir
Que tes genz péussent avoir ,
Ki aveques toi demouroient ,
Si grant grace comme il avoient ;   2810
Et sanz doute ne remest mie ,
Fors pour honnir ta compeignie.
Saches de voir qu'il est funduz
Dusqu'en abysme et est perduz ;
De lui plus ne pallera-on
Ne en fable ne en chançon ,

Devant ce que cil revenra
Qui le liu vuit raemplira :
Cil-méismes le doit trouver.
Meis de lui plus [n'estuet] paller.   2820
Qui recreirunt ma compeignie
Et la teue, ne doute mie,
De Moyses se clamerunt
Et durement l'acuserunt.
Ainsi le doiz dire et conter
A tes deciples et moustrer.
Or pense que tu pourquis has,
Vers moi ainsi le trouveras. »
    Ainsi ha à Joseph pallé
Li Sainz-Espriz et ha moustré   2830
La mauveise euvre Moysest,
Et li ha dist comment il est ;
Et Joseph ne le coile mie
A Bron ne à sa compeignie,
Ainz leur ha apertement dist
Quanqu'il oï de Jhesu-Crist,
Et la chose comment ele est
Et qu'il ha feit de Moysest.
Il dient tout par verité :
« Granz est de Dieu la poesté.   2840

Fous est qui pourchace folie
Pour ceste dolereuse vie. »
Brons et sa femme lonc tens furent
Ensemble tout ainsi con durent,
Tant que il eurent douze fiuz
Et biaus et genz et parcréuz ;
Et en furent mout encombré
(Car bien leur couvint à plenté),
Tant qu'Enyseus à Bron palla,
A son seigneur, et dist li ha :   2850
« Sire, vous déussier (*sic*) mander
Joseph men frere, et demander
Que nous feruns de nos enfanz :
Vez-les touz parcréuz et granz ;
Car nous riens feire ne devuns
Que ainçois à lui n'en palluns. »
Brons dist : « Tout ausi le pensoie
Que je à vous en palleroie ;
Mout volentiers à lui irei
Et de boen cuer l'en prierei. »   2860

   Brons vint à Joseph , si li dist,
Tout ainsi con li plut et sist,
Que sa suer l'eut là envoié,
De cele besoigne touchié :

« Sire, douze granz fiuz avuns ;
Assener pas ne les vouluns
Ne riens feire se par toi non :
Si me diras que en feron. »
Joseph dist : « En la compeignie
Serunt de Dieu, n'i faurrunt mie.   2870
Mout volentiers l'en prierei,
Quant je liu et tens en verrei. »
Lors ont tout ce leissié ester
Dusqu'à un jour qu'alez ourer
Fu Joseph devant sen veissel ;
Si li souvint et l'en fu bel
De ce que Brons li eut prié,
Si prist à plourer de pitié
Et prie Dieu mout tenrement :
« Peres Diex, rois omnipotent,   2880
S'il vous pleit, feites-moi savoir
De ceste chose vo vouloir,
Que nous de mes nevez feruns,
En quel labeur les meteruns.
Feites-m'en aucune moustrance,
S'il vous pleist, et senefiance. »
Et Diex à Joseph envoia
Un angle qui li anunça,

Si li dist : « Diex m'envoie à toi :

Sez-tu que te mande par moi?   2890

Il fera tant pour tes neveus,

Tout quanque tu pries et vieus;

Il vieut qu'il soient atourné

Au service Dieu et mené,

Que il si deciple serunt

Et meistre seu (sic) eus averunt.

Se il vuelent femes avoir,

Il les arunt ; et doit savoir,

Cil qui point de femme n'ara ;

Li mariez le servira ;   2900.

Meis tu commanderas au pere

Et si le diras à la mere

Que il t'ameinnent devant toi

Celui qui femme aveques soi

Ne voura avoir ne tenir.

A toi les feras obéir ;

Et quant serunt à toi venu ,

Tu ne feras pas l'esperdu ;

Meis devant t'en venras,

La vouiz dou Seint-Esprit orras. »   2940

    Joseph mout bien trestout apriet.

Quanque li angles li eut dist,

Et puis li angles s'en ala ,
Et Joseph mout liez demoura
Pour le grant bien qu'il entendoit
Que chaucuns des enfanz aroit ;
A Bron vint , et li ha conté
Le conseil qu'il avoit trouvé :
« Sez-tu , dist Joseph, que te proi ?
Tes enfanz e[n]seigne à la loi   2920
De Dieu garder et meintenir ;
Femmes aient à leur pleisir ,
A la menniere d'autre gent
Les arunt par espousement.
S'aucuns y ha qui femme avoir
Ne vueille , et remennoir
O moi en ma meison vourra ,
Icil avec moi demourra. »
Brons dist : « A vo commandement
Et à vo pleisir boennement. »   2930
    Brons à sa femme repeira ,
Ce que Joseph dist li conta.
Quant Enyseus eut tout ce oï ,
Dedenz sen cuer s'en esbaudi ;
A Bron dist : « Sire , or vous hastez ,
S'en feites ce que vous devez. »

Brons touz ses enfanz apela,
A touz ensemble demanda
Queu vie chaucuns vieut mener.
Il dient : « Dou tout acorder   2940
Vouluns à ten commandement
Et le feruns mout boennement. »
Et de ce furent-il mout lié ;
Meis Hebruns leur ha pourchacié
Et loing et près tant qu'il éussent
Femmes et qu'il marié fussent ;
Commande leur que loiaument
Se tenissent et belement
En la compeignie leur femmes,
Seigneur soient et eles dames.   2950
Pristrent les selonc la viez loi,
Tout sanz orgueil et sanz bofoi,
En la fourme de sainte Eglise ;
Et Joseph mout bien leur devise
Qu'il doivent leissier et tenir,
Comment se doivent meintenir.
Ainsi fu la chose atournée.
Chaucuns ha la seue espousée,
Fors c'un, qui avant escorchier
Se leiroit et tout detrenchier   2960

Que femme espousast ne préist :
N'en vieut nule, si comme il dist.
Quant Brons l'ot, mout se merveilla,
A privé conseil l'apela
Et dist : « Fiuz, pour quoi ne prenez
Femme, si cum feire devez,
Ausi cumme vo frere unt feit ? »
— « N'en pallez plus tout entreseit,
Qu'en mon aé femme n'arei
Ne jà femme n'espouserei. »   2970
   Li unze enfant sunt marié ;
Le douzime ha Brons ramené
A Joseph, sen oncle, et li dist.
Quant Joseph l'oï, si s'en rist.
Joseph dist : « Cestui-ci avoir
Doi, si sera miens pour voir.
Se vous et ma sereur voulez,
Entre vous deus le me donrez. »
Il respondent : « Volentiers, sire ;
Vostres soit sanz duel et sanz ire. »   2980
Joseph entre ses braz le prist,
Acola le, et au pere dist
Et à sa suer qu'il s'en alassent
Et l'enfant avec lui leissassent.

Brons o sa fame s'en ala,
L'enfès o Joseph demoura.
Lors dist Joseph : « Biaus niés, por voir,
Mout grant joie devez avoir :
Nostres-Sires par son pleisir
Vous ha eslut à lui servir   2990
Et à essaucier sen douz non,
Qu'assez loer ne le puet-on.
Biaus douz niés, cheveteins serez
Et vos freres gouvernerez.
De delez moi ne vous mouvez,
Ce que vous direi retenez.
La puissance de Jhesu-Crist,
Le nostre sauveeur eslist,
S'il li pleist qu'il parout à moi ,
Si fera-il, si cum je croi. »   3000
     Joseph à sen veissel ala,
Mout devotement Dieu pria
Demoustrast li de son neveu
Comment il li feroit son preu.
Joseph a finé s'oroison,
Et tantost ha oï le son
De la vouiz, ki li respondi :
« Tes niés est sages, ce te di,

Simples et bien endoctrinez
Et retenanz et bien temprez ;   3010
De toutes choses te creira ,
Quanque li diras retenra.
Enten comment l'enseigneras :
L'amour que j'ei li conteras
A toi et à toutes tes genz
Ki unt boens endoctrinemenz.
Conte-li comment vins en terre ,
Comment eurent tout à moi guerre
Et comment je fui achetez ,
Venduz , bailliez et delivrez ,   3020
Comment fui batuz et leidiz ,
D'un de mes deciples trahiz ,
Et escopiz et decrachiez ,
Et à l'estache fu loiez ;
Quanque peurent de leit me firent ,
Car au darrien me pendirent ;
Comment tu de la crouiz m'ostas ,
Comment mes plaies me lavas ,
Comment ce veissel-ci éus
Et le mien sanc y recéus ,   3030
Comment tu fus des Juis pris
Et ou fonz de la chartre mis ,

Et comment je te confortei
Quant en la chartre te trouvei;
Et là un don te donnei-ge,
A toi et à tout ten lignage,
A touz ceus qui le saverunt
Et qui apenre le vourrunt.
Di-li et l'amour et la vie
Qu'ei à toute ta compeignie,   3040
Aies en ten ramembrement
Que te donnei emplusement
De cuer d'omme en ta compeignie;
A ten neveu n'ou cele mie,
Et à touz ceus qui ce sarunt
Parfeitement le conterunt,
Et pleisance et grace averunt
Cil qui au siecle bien ferunt.
Leur heritages garderei,
En toutes courz leur eiderei,   3050
Ne pourrunt estre forjugié
Ne de leur membres mehaignié
Et leur chose dont sacrement
Ferunt en mon remembrement.
Quant tout ce moustré li aras,
Men veissel li aporteras,

Et ce qui est dedenz li di :
C'est dou sanc qui de moi issi.
S'il le croit ainsi vraiement,
De foi aura confermement.   3060
Moustre-li comment Ennemis
Engigne et deçoit mes amis
Et ceus qui se tiennent à moi,
Que il s'en gart, car je l'en proi.
Ne li oblie pas à dire
Qu'il se gart de courouz et d'ire,
Que il enhorbetez ne soit :
Maubailliz est qui bien ne voit.
La chose très bien court tenra :
C'est ce qui mieuz le gitera   3070
Et plus tost de mauveis pensez
D'estre tristoiez ne irez.
Cest choses mestier li arunt
Et mout très bien le garderunt
Contre l'enging de l'Ennemi,
Qu'il ne puist rien avoir en lui.
De la joie de char se gart,
Qu'il ne se tiegne pour musart :
La char tost l'ara engignié
Et mis à duel et à pechié.   3080

Quant tout ce moustré li aras,
Tu li diras et prieras
Qu'il à ses amis le redie,
Pour chose nule n'ou leít míe,
A ceus que preudomes saura
Et que boens estre connoistra.
Il pallera de moi adès
Où qu'il sera, et loig et près;
Car plus en bien en pallera
Et plus de bien y trouvera.   3090
Di-li que de lui doit oissir
Un oir malle, qui doit venir;
Ce veissel ara garder,
Et si li doiz ausi moustrer
Et nous et nostre compeignie.
Enseurquetout n'oublie mie,
Quant tu averas tout ce feit,
La garde de ses freres eit
Et de ses sereurs ensement.
Puis s'en ira vers occident   3100
Es plus loiteins lius que pourra;
Et en touz les lius où venra,
Touz jours essaucera men non
Par trestoute la region;

Et à son pere priera
Qu'il eit sa grace , et il l'aura.
Demein , quant serez assemblé ,
Vous verrez une grant clarté ,
Ki entre vous descendera
Et un brief vous aportera.   3110
Le brief qui sera aportez ,
A Petrus lire le ferez ,
Et li commanderez briément
Que il s'en voit ysnelement
En quel partie qu'il vourra
Et lau li cuers plus le trerra ,
Et qu'il ne soit pas esmaiez ,
Que de moi n'iert pas oubliez.
Quant ce commandé li aras ,
Après ce li demanderas   3120
En quel liu li cuers le treit plus ;
Il te dira , n'en doute nus ,
Qu'ès vaus d'Avaron s'en ira
Et en ce païs demourra.
Ces terres trestout vraiement
Se treient devers occident.
Di-li lau il s'arrestera
Le fil Alein atendera ,

Ne il ne pourra devier
Ne de cest siecle trespasser   3130
Devant le jour que il ara
Celui qui sen brief li lira :
Enseignera li (*sic*) povoir
Que cist veissiaus-ci puet avoir,
Dira li que est devenuz
Moyses qui estoit perduz.
Quant ces choses ara véues
Et oïes et percéues,
Adonques si trespassera,
En joie sanz faillir venra.   3140
Et quant tu tout ce dist aras,
Pour tes neveus envoieras ;
Toutes ces paroles leur di
Que je t'ei contées ici,
Et trestout cest enseignement
Leur di sanz trespasser neent. »
    Mout fu bien convertiz Aleins
Et de la grace de Dieu pleins.
Joseph eut bien tout entendu
Que la vouiz dist et retenu ;   3150
Alein sen neveu apela,
De chief en chief conté li ha

Tout ce qu'il scut de Jhesu-Crist
Et ce que la vouiz l'en eut dist.
Meistres Robers dist de Bouron,
Se il voloit dire par non
Tout ce qu'en cest livre afferroit,
Presqu'à cent doubles doubleroit ;
Meis qui cest peu pourra avoir,
Certeinnement pourra savoir   3160
(Que, s'il y vieut de cuer entendre,
Assez de bien y porra prendre)
Ces choses que Joseph aprist
A sen neveu et qu'il li dist.
Et quant tout ce li eut moustré,
Si ha sen neveu apelé ;
Dist li : « Biaus niés, boens devez estre,
Quant de no seigneur, de no meistre,
Avez teu grace recouvrée
Qu'ele vous est de Dieu donnée. »   3170
Lors le mena Joseph arriere,
Et à sen pere et à sa mere
Dist que ses freres gardera
Et que touz les gouvernera
Et ses sereurs ; et il l'otroient
Que souz lui à gouverner soient.

Quant d'aucune rien douterunt,
A lui conseillier se venrunt :
S'einsi le funt, bien leur venra ;
S'il n'ou funt, maus leur sourdera.   3180
A Bron le pere ha commandé
Et à sa femme l'a rouvé ;
Car il vieut qu'il doignent Alein
La seignourie de leur mein
Seur leur filles, seur leur enfanz,
Uns et autres, petiz et granz,
Devant eus; et plus l'en creirunt
Et douterunt et amerunt,
Et il bien les gouvernera
Tant cum chaucuns d'eus le creira.   2190
Lendemein furent au servise,
Si cum l'estoire le devise ;
Et avint c'une grant clarté
Leur apparust, s'a aporté
Un brief, et trestout, ce me semble,
Encontre se lievent ensemble.
Joseph le prist, et apela
A lui Petrus, et dist li ha :
« Petrus, biaus freres, Dieu amis,
Jhesu, le roi de Paradis,   3200

Qui d'enfer touz nous racheta,
A message esléu vous ha;
Ce brief avec vous porterez
En quelque liu que vous vourrez. »
Quant Petrus Joseph paller oit,
Si li dist que pas ne quidoit
Que Diex messagier le féist
Ne brief porter li couvenist.
Cil dist : « Mieuz vous connoist assez
Que vous méismes ne savez ;   3210
Meis une chose vous priuns,
Et pour l'amour qu'à vous avuns :
Que vous nous vouilliez demoustrer
De quel part vous voudrez aler. »
Petrus dist : « Je le sai mout bien,
Et se ne m'en ha nus dist rien ;
Ainz ne véistes messagier
Qui mieuz le séust sanz nuncier.
En la terre vers Occident,
Ki est sauvage durement,   3220
Es vaus d'Avaron m'en irei,
La merci Dieu attenderei ;
Et vous de moi merci aiez,
A Dieu nostre seigneur priez

Que n'aie force ne povoir,
Enging, corage ne vouloir
D'aler contre sa volenté
Ne de dire contre son gré.
Encor metrez en vo priere
Qu'Ennemis en nule menniere   3230
Me puist perdre ne tempester
Ne de l'amour de Dieu sevrer. »
Trestout respondent d'une part:
« Diex, qui feire le puet, t'en gart! »
    En la meison Bron s'en alerent,
Les enfanz Hebron apelerent,
Et à eus touz Hebrons a dist:
« Mi fil, mes filles estes tuit;
Paradis avoir ne povez,
S'à cui que soit n'obéissiez :   3240
Pour ce vueil et si le desir
Vous touz à un seul obéir;
Et tant com je de bien donner
Puis et de grace delivrer,
Je la doins à men fil Alein,
Et ce ne sera pas en vein.
Je li commant et vueil prier
Qu'il vous preigne touz à garder,

Et vous à lui obéirez
Comme à seigneur feire devez ;   3250
Et s'avez de conseil mestier ,
A lui irez sanz atargier :
Sanz doute il vous conseillera
Si loiaument comme il pourra.
Une chose dire vous ose :
Que vous n'entreprenez pas chose
Deseur le suen commandement ;
Sen voloir feites boennement. »
    Li enfant s'en vunt tout ainsi,
De leur pere sunt departi ,   3260
Et mout boenne volenté unt
Qu'il Alein leur frere crerunt.
En estranges terres ala,
Avec lui ses freres mena ;
En touz les lius où il venoit,
Hommes et femmes qu'il trouvoit
La mort anunçoit Jhesu-Crist
Ainsi cum Joseph li aprist,
Le non Jhesu-Crist preeschoit,
Entre touz mout grant grace avoit.   3270
Ainsi furent d'ilec parti ;
Meis or d'eus vous leirei ici,

Que je n'en vueil or plus paller,
Se m'i couvenra retourner.
Parti s'en sunt et tout alé.
Petrus ha Joseph apelé
Et les autres, si leur ha dit:
« Il m'en couvient aler, ce quit. »
— « Ce soit au Dieu commandement! »
Après funt leur assemblement,   3280
Petrus prient ne s'en voit pas;
Il leur respont ynelepas
Qu'il n'a talent de demourer,
Car d'ilec l'en couvient aler.
« Meis huimeis pour vous demourrei,
Et puis demein si m'en irei,
Quant aruns esté au servise. »
Ainsi remest à leur devise.

Nostres-Sires, qui tout savoit
Comment la chose aler devoit,   3290
A Joseph son angle envoia,
Qui mout très bien le conforta
Et dist qu'il ne s'esmaie mie,
Que il nule foiz ne l'oublie.
« Ma volenté te couvient feire,
L'amour de moi et toi retreire.

Petrus de vous se doit partir :
Sez-tu pour quoi? Hui retenir
L'osastes, et il demourer.
Diex le vouloit ainsi moustrer,   3300
Pour ce que voir dire pouist
Ne de rien nule ne mentist
A celui pour qui il s'en va,
Quant il de ton veissel verra
Et des choses que je t'ei dites,
Qu'eles sunt boennes et eslites.
Joseph, il couvient vraiement
Les choses qui commencement
Ont que fin aient après.
Nostres-Sires set bien adès   3310
Que Brons mout preudons ha esté,
Et pour ce fu sa volenté
Que il en l'iaue peeschast
Et qu'il le poisson pourchacast
Que vous avez en vo servise.
Diex vieut et einsi le devise
Que il ten veissel avera
Et après toi le gardera.
Apren-li comment meintenir
Se devera et contenir,   3320

Et l'amour que tu has à moi
Et qu'ei adès éue à toi;
Apren-li touz les erremenz
Et trestouz les contenemenz,
Trestout ce que de Dieu oïs
Dès cele eure que tu naschis.
En ma creance le metras
Et très bien li enseigneras.
Di-li comment Diex à toi vint
En la chartre et ton veissel tint   3330
Et en tes meins le te bailla;
Les seintes paroles dist t'a,
Ki sunt douces et precieuses
Et gracieuses et piteuses,
Ki sunt propement apelées
Secrez dou Graal et nummées.
Quant ce averas feit bien et bel,
Commanderas-li le veissel,
Qu'il le gart dès or en avant;
N'i mespreigne ne tant ne quant :   3340
Toute la mesproison seroit
Seur lui, et chier le comparroit.
Et cil qui nummer le vourrunt,
Par son droit non l'apelerunt

Adès le riche Pescheeur,

A touz jours croistera s'onneur,

Pour le poisson qu'il peescha

Quant cele grace commença.

Ainsi couvenra la chose estre,

Tu l'en feras seigneur et meistre.   3350

Ausi cum li monz va avant

Et touz jours en amenuisant,

Couvient que toute ceste gent

Se treie devers Occident.

Si tost com il seisiz sera

De ten veissel et il l'ara,

Il li couvient que il s'en voit

Par devers Occident tout droit,

En quelque liu que il vourra

Et lau li cuers plus le treira;   3360

Et quant il sera arrestez

Là où il voura demourez,

Il atendra le fil sen fil

Séurement et sanz peril ;

Et quant cil fiuz sera venuz ,

Li veissiaus li sera renduz

Et la grace, et se li diras

De par moi et commanderas

Que il celui le recommant
Qu'il le gart dès or en avant.   3370
Lors sera la senefiance
Acomplie et la demoustrance
De la benoite Trinité,
Qu'avons en trois parz devisé.
Dou tierz, ce te di-ge pour voir,
Fera Jhesu-Criz sen vouloir,
Qui sires est de ceste chose :
Nus oster ne li puet ne ose.
Quant le veissel à Bron donras
Et grace et tout li bailleras   3380
Et tu en seras desseisiz,
Ces feiz mout bien touz acompliz,
Adonques s'en ira Petrus,
Je ne vueil qu'il y demeurt plus ;
Car vraiement dire pourra
Que il seisi véu aura
Hebron, le riche Pescheeur,
Et dou veissel et de l'onneur :
Pour ce Petrus fu demourez
Dusqu'au mein, puis s'en est alez.   3390
Quant ce aras feit, il se mouvra,
Par terre et par mer s'en ira,

Et Cil qui toutes choses garde
L'avera dou tout en sa·garde;
Et tu, quant tout ce fcit aras,
Dou siecle te departiras,
Si venras en parfeite joie,
Ki as boens est et si est moie :
Ce est en pardurable vie.
Tu et ti oir et ta lignie,   3400
Tout ce qu'est né et qui neistra
De ta sereur, sauf estera ;
Et cil qui ce dire sarunt,
Plus amé et chieri serunt,
De toutes genz plus hennouré
Et de preudommes plus douté. »
Ainsi Joseph trestout feit ha
Ce que la vouiz li commanda.
Lendemein tout se rasemblerent
Et au servise demourerent ;   3410
Joseph leur ha trestout retreit
Quanque la voiz dist entreseit,
Fors la parole Jhesu-Crist,
Qu'en la chartre li avoit dist.
Cele parole sanz faleur
Aprist au riche Pescheeur ;

Et quant ces choses li eut dites,
Si li bailla après escrites.
Il li ha feit demoustrement
Des secrez tout privéement.   3420
Quant il eurent Joseph oï
Et chaucuns d'eus bien l'entendi ,
De leur compaingnie partoit
Ne avec eus plus ne seroit ,
Il en furent tout esbahi.
Quant virent Joseph desseisi ,
Il en eurent mout grant pitié ;
Car il seurent qu'il eut baillié
Sa grace et son commandement,
Ne savoient pas bien comment.   3430
  Seisiz fu li riches Peschierres
Dou Graal et touz commanderes.
Congié prist , quant levé se sunt.
Au departir mout plouré unt,
Souspirent et unt larmoié :
C'estoit tout par humilité.
Il funt oroisons et prieres :
Ce sunt choses que Diex ha chieres.
Joseph remet , pour feire honneur ,
Avec le riche Peescheeur ;   3440

Trois jours fu en sa compeignie,
Que Joseph ne refusa mie.
Au tierz jour ha à Joseph dist :
« Joseph, or m'enten un petit,
Verité te direi sanz faille :
Volenté ei que je m'en aille.
Se il te venoit à pleisir,
Par ten congié m'en vueil partir. »
— « Il me pleit bien, Joseph respont ;
Car ces choses de par Dieu sunt.   3450
Bien sez que tu emporteras
Et en quel païs t'en iras.
Tu t'en iras ; je remeindrei,
Au commendement Dieu serei. »
    Ainsi Joseph se demoura.
Li boens Pescherres s'en ala
(Dont furent puis meintes paroles
Contées, ki ne sunt pas folés)
En la terre lau il fu nez,
Et Joseph si est demourez.   3460
Messires Roberz de Beron
Dist, se ce ci savoir voulun,
Sanz doute savoir couvenra
Conter là où Aleins ala,

Li fiuz Hebron, et qu'il devint,
En queu terre aler le couvint,
Et qués oirs de li peut issir,
Et queu femme le peut nourrir,
Et queu vie Petrus mena,
Qu'il devint n'en quel liu ala,   3470
En quel liu sera recouvrez :
A peinnes sera retrouvez ;
Que Moyses est devenuz,
Qui fu si longuement perduz :
Trouver le couvient par reison
(De parole ainsi le dist-on)
Lau li riches Peschierres va ;
En quel liu il s'arrestera,
Et celui sache ramener
Qui orendroit s'en doit aler.   3480
 Ces quatre choses rassembler
Couvient chaucune, et ratourner
Chascune partie par soi
Si comme ele est; meis je bien croi
Que nus hons ne 's puet rassembler
S'il n'a avant oï conter
Dou Graal la plus grant estoire,
Sanz doute, ki est toute voire.

A ce tens que je la retreis
O mon seigneur Gautier en peis,   3490
Qui de Mont-Belyal estoit,
Unques retreite esté n'avoit
La grant estoire dou Graal
Par nul homme qui fust mortal;
Meis je fais bien à touz savoir
Qui cest livre vourrunt avoir,
Que, se Diex me donne santé
Et vie, bien ei volenté
De ces parties assembler,
Se en livre les puis trouver.   3500
Ausi cumme d'une partie
Leisse, que je ne retrei mie,
Ausi couvenra-il conter
La quinte, et les quatre oublier,
Tant que je puisse revenir
Au retreire plus par loisir
Et à ceste uuevre tout par moi,
Et chascune m'estu[et] pa[r soi];
Meis se je or les leisse à tant,
Je ne sai homme si sachant   3510
Qui ne quit que soient perdues
Ne qu'eles serunt devenues,

Ne en quele senefiance
J'en aroie feit dessevrance.

   Mout fu li Ennemis courciez
Quant Enfer fu ainsi brisiez ;
Car Jhesus de mort suscita,
En Enfer vint et le brisa.
Adam et Eve en ha gité,
Ki là furent en grant viuté ;   3520
Ó lui emmena ses amis
Lassus ou ciel, en Paradis.
Quant Deable ce aperçurent,
Ausi cum tout enragié furent ;
Mout durement se merveillierent
Et pour ce tout s'atropelerent,
Et disoient : « Qui est cist hon
Qui ha teu vertu et tel non ?
Car nos fermetez ha brisies,
Les portes d'Enfer depecies :   3530
Riens n'avoit force encontre lui
Ne de par nous ne par autrui ;
Car il feit tout quanque lui pleit,
Pour nului son voloir ne leit.
Ceci au meins bien cuidions
Qu'en terre ne venist nus hons

Qui de cors de femme naschist,
De no pooir fuir pouist;
Et cist ainsi nous ha destruit,
Qu'il Enfer ha leissié tout vuit.　　　3540
Comment puet estre d'omme nez
Ne concéuz ne engenrez,
Que delit éu n'i avuns
Si cum en autre avoir soluns ? »
　　Uns ennemis ha respondu :
« Bien sai par quoi avuns perdu;
Cele chose nous a plus nuit
Que quidons qui plus nous vaussist.
Membre-vous de ce que palloient
Li boen prophete et qu'il disoient,　　　3550
Que li Fiuz Diu venroit en terre
Et que il osteroit la guerre
Qu'Adans et Eve feit avoient,
Et pecheeur sauvé seroient;
Trestout icil que lui pleiroit,
A sa volenté en feroit.
Adonc ces prophetes prenions
Et trestouz les tourmentions;
Et il feisoient le semblant
Que il nul mal ne sentiant,　　　3560

Ne nule rien ne leur grevoit
De tout le mal c'um leur feisoit,
Ainçois les autres confortoient ;
Car il as pecheeurs disoient
Que cil en terre neisteroit
Qui trestouz les deliverroit.
Ce distrent qu'or est avenu ,
Quanque avions nous ha tolu ;
Nous n'i poons meis riens clamer,
Qu'avec lui les ha feit aler. 3570
Comment fu-ce que n'ou séuns ?
Unques ne nous en percéuns.
En non de Dieu laver les fist
Et dou Fil et dou Seint-Esprist
Dou pechié qu'en la mere avoient,
Quant de son ventre hors issoient.
Et pour quoi ne nous pourvéins
En touz les lius que nous voussins ?
Or les avuns perduz briément
Trestouz par cel avenement ; 3580
Nous n'avuns meis sor eus pooir
Ne nous ne li povons avoir ,
Devant qu'il méismes reviegnent
Et à nos uuevres se repreignent.

Ainsi no povoir abeissié
Nous ha et trop amenuisié,
Car en terre demouré sunt
Si menistre et les sauverunt ;
Car tant n'arunt feit de pechiez
Petiz ne granz, nouviaus ne viez,　　　3590
Se il se vuelent repentir
Et leur pechiez dou tout guerpir,
Promestre boen amendement,
Tout en sunt quite ligement :
Et par ce les avuns perduz.
Ainsi les nous ha touz toluz ;
Et se il ainsi sunt sauvé,
Mout ha pour eus feit et ouvré
De substance esperiteument,
Quant pour homme si soutiument　　　3600
Vout en terre neistre de mere
Sanz nule semence de pere,
Et essaucier vint le tourment
En terre si très sagement
Sanz delit d'omme ne de femme ;
Unques n'i pecha, cors ne ame.
Nous essaiemmes et véismes
En toutes choses que poïmes

Que nus le pourroit essaier ;
Unc ne péumes tant cerchier   3610
Que riens y péussiens trouver
Qui neent li péust grever,
Car en lui ne trouveroit-on
Nule chose se tout bien non.
Toutes voies vout-il venir
En terre pour s'uevre et morir :
Mout ha donques cele uuevre chier,
Quant si chier la vout acheter
Et si granz peinnes vout soufrir
Pour homme avoir et nous tolir.   3620
Bien deverians labourer
Que nous péussians recouvrer
Ce qu'il nous vient ainsi tolir.
Il dist qu'il ne vient rien seisir
Ki nostre doie estre par droit :
Chaucuns donques de nous devroit
Tant pener et tant traveillier
Que le péussions engignier :
Feisuns-le donc en teu menniere
Qu'il ne puist repeirier arriere,   3630
Ne paller à ceus n'eus vooir
Qui de lui assourre unt pooir

Et par cui cil le pardon unt
Qui de sa mort racheté sunt. »
Adonques s'escrient ensemble :
« Tout avuns perdu, ce nous semble,
Puis que il puet avoir pardon,
Se ès uuevres Dieu le trueve l'on ;
S'il adès nos uuevres feit ha,
Bie[n] sai que il le sauvera ;   3940
Puis qu'en ses uuevres est trouvez,
Ne puet par nous estre dampnez ;
S'il se repent, perdu l'avuns,
S'à ses menistres n'ou remblons. »
   Li autre ennemi si runt dist :
« Nous savuns bien qu'il est escrist
Que cil qui plus nous unt néu
Et par qui nous l'avuns perdu,
Cil qui les nouveles portoient
De sa venue et l'anunçoient,   3650
Ce sunt [cil] par qui li damage
Nous sunt venu et li outrage ;
Et de tant cum plus l'affermoient,
Li nostre plus les tourmentoient.
Il s'est hastez, ce m'est avis,
De tost secourre à ses amis,

Pour la doleur, pour le tourment
Qu'il avoient communément.
Meis qui un homme avoir pouist
Qui nos sens portast, et déist   3660
Nos paroles et nos prieres
A ceus qui les avoient chiërés,
Si cum nous soliuns avoir
Et seur toutes choses povoir,
Et entre les genz conversast
En terre et o eus habitast,
Ice nous pourroit mout eidier
A eus honnir et vergoignier.
Tout aussi cum nous enseignoient
Li prophete qu'o nous estoient,   3670
Ausi cil les choses dirunt
Qui dites et feite serunt
Ou soit de loig ou soit de près :
Par ce serunt créu adès. »
Lors dient bien esploiteroit
Qui en teu menniere ouverroit,
Car mout en esteroit créuz
Et hons honniz et confunduz.
    Li uns dist: « De ce n'ei pooir
Ne de semence en feme avoir;   3680

Meis, se le povoir en avoie,
Sachiez de voir je le feroie,
C'une femme en men povoir ei
Ki fera quanque je vourrei. »
Li autre dient : « Nous avuns
Cilec un de nos compeignuns
Qui fourme d'omme puet avoir
Et femme de lui concevoir ;
Meis il couvient que il se feigne
Et que couvertement la preigne.   3690
Ainsi dient qu'engenrerunt
Un homme en femme et nourrirunt,
Qui aveques les genz sera
Et ce que ferunt nous dira. »
Meis mout est fous li Ennemis,
Qui croit que Diex soit entrepris
Que il ceste uuevre ne séust
Et qu'il ne s'en apercéust.

    Ainsi prist Ennemis à feire
Homme de sens et de memoire,   3700
Pour Dieu nostre pere engignier
Et forbeter et conchier :
Par ce poüns-nous tout savoir
Que Ennemis est fous de voir.

Mout deverions estre irié
S'ainsi estiuns engignié.
De ce conseil sunt departi,
Leur uuevre unt acordée ainsi.
Et cil qui avoit seignourie
Seur la femme, ne targe mie ;   3710
A li là ù ele estoit ala,
A sa volenté la trouva ;
Et la femme toute li donna
Sa part de trestout quanqu'ele ha,
Néis ses sires l'Ennemi
Donna quanqu'il avoit ausi.
A un riche homme femme estoit,
Qui granz possessions avoit :
Vaches, brebiz eut à plenté,
Chevaus et autre richeté.   3720
Trois filles avoit et un fil
Bel et courtois et mout gentil,
Si estoient les trois puceles
Gentius et avenanz et beles.
Li Ennemis pas ne s'oublie ;
As chans ala lau la meisnie
A ce riche homme repeiroit,
Car il tout à estrous beoit

Comment les péust engignier
Et le riche homme couroucier.   3730
Des bestes tua grant partie.
Li bergier ne s'en jouent mie,
Ainz s'en couroucent durement,
Et dient qu'irunt erramment
A leur seigneur et li dirunt
Qu'einsi ses bestes mortes sunt.
Devant leur seigneur sunt venu,
Et estoient tout esperdu:
Demanda-leur que il avoient;
Il dient leur brebiz moroient,   3740
N'il ne sevent pour quoi c'estoit,
Meis nul recouvrier n'i avoit.
A tant li Ennemis ce jour
Leit ester sanz plus de tristour;
Meis durement fu courouciez
Li preudons et mout tristoiez.
L'Ennemis à tant ne se tint,
As autres bestes s'en revint
Et à dis chevaus qu'il avoit
Et fors et cras, que mout amoit;   3750
Li Ennemis touz les occist
Ainz que passast la mie-nuit.

Quant li preudons la chose seut,
Mout grant duel en son cuer en eut ;
Par courouz dist une parole,
Qui fu mout vileinne et mout fole,
Que ses courouz li ha feit dire ;
De mautalent qu'il eut et d'ire,
Au Deable trestout donna,
Trestout quanque li demoura :   3760
« Deables, pren le remennant ;
Trestout soit tien, j'ou te commant.
Puis qu'à perdre commencié ei,
Bien sei que trestout perderei. »
Li Deables si fu mout liez,
Et li preudons mout corouciez ;
Unques beste ne li leissa,
Meis toutes occises les ha.
Li preudons fuit la compeignie
Des gens, car il ne l'aimme mie.   3770
Li Ennemis s'est mout penez
Et traveilliez et pourpensez
Comment plus le couroucera :
A sen fil vint, que mout ama ;
Si l'a estranlé en dormant.
Au matin, ainz souleil levant,

Fu li enfès ou lit trouvez
Morz, car il fu estranlez.
Quant li peres ha entendu
Qu'il ha ainsi sen fil perdu,   3780
Courouciez fu mout durement.
N'en peut meis, car vileinnement
Fu de sen avoir damagiez;
Meis plus assez fu courouciez
De sen fil, car nul recouvrier
Ne li povoit avoir mestier.
Tantost cil hons se despera,
Et sa creance perdue ha.
Quant li Ennemis se perçoit
Que il en Dieu meis ne creoit   3790
Et que c'estoit sanz recouvrier,
Mout s'en prist à esleescier.
Tantost à la femme s'en va
Par cui conseil ainsi ouvra,
En sen celier la fist aler
Et sur une huche munter;
Une corde penre li fist,
Qu'ele en son col laça et mist,
De la huche au pié l'a boutée :
Ele fu tantost estranlée.   3800

Quant li preudons set qu'einsi va
Que sa femme ainsi s'estranla ,
Tel duel ha qu'a peu k'il n'enrage,
Il ne puet celer sen corage ;
Une maladie le prist,
Ki l'acora et qui l'ocist.
Tout ainsi feit li Ennemis
De ceus ki en ses laz sunt pris.
Quant voit qu'ainsi ha esploitié,
Le cuer en ha joiant et lié,   3810
Pensa comment engigneroit
Les trois filles et decevroit ;
Plus n'i avoit de remennant
De la meinnie au païsant.

   Deables vit que engignier
Ne les pourroit ne conchier,
Se leur volentez ne feisoient
Et le deduit dou cors n'avoient ;
A un juene vallest ala,
Qui dou tout sen tens emploia   3820
En viuté et en lecherie,
En mauveistié, en ribaudie.
A l'einnée suer l'a mené.
Mout li ha requis et proié

Qu'ele sa volenté féist;
Meis ele mout li contredist
Qu'ele pour riens ce ne feroit,
En teu viuté ne se metroit;
Meis li vallez tant l'a priée
Qu'à darrien l'a conchiée   3830
Par l'aïde de l'Ennemi,
Qui fist dou pis qu'il peut vers li.
Meis nus ne s'en apercevoit,
Et ce l'Ennemi ennuioit,
Qu'il vieut c'on le sache en apert
Et que ce soit tout descouvert:
Tout ce feit-il pour plus honnir
Et pour les suens plus maubaillir.
Toute la chose ha feit savoir
Par le païs à sen povoir;   3840
Fist tant que li monz touz le seut,
Et de tant plus grant joie en eut.
A ice tens que je vous di,
Femme cui avenoit ainsi
Que on prenoit en avoutire,
Ele savoit mout bien sanz dire,
Communément s'abandonoit
Ou errant on la lapidoit

Et feisoit-on de li joustise.
Ainsi fu feite la devise,   3850
Car li juge tout s'assemblerent
Et la damoisele manderent.
Quant fu devant eus amenée,
De sen meffeit fu accusée.
Li juge en unt éu pitié
Et de ce sunt mout merveillié,
Car c'un petit de tens n'avoit
Que ses peres preudons estoit,
Riches et combles et mennanz,
D'amis, de grant avoir pouissanz ;   3860
De lui est-il si meschéu
Que lui et sa femme ha perdu
Et sen fil, qui soudainnement
Fu morz, et sa fille ensement,
Que Deable unt si engignie
Qu'orendroit est à mort jugie,
Et droitement pour sen meffeit
Il dient que tout entreseit
Que par nuit enfouir l'irunt :
Ainsi sa honte couverrunt.   3870
Ainsi com il le deviserent,
Toute vive as chans la menerent

Et l'unt ilec vive enterrée :
S'en fu la chose plus celée.
Pour honneur des amis le firent,
Que mout amerent et chierirent.
Ainsi mesmeinne li Maufez
Ceus de cui il est hennourez
Et qui funt à sa volenté,
Trestouz les mest en grant viuté.   3880
    Un preudomme ou païs avoit
Qui seut que on de ce palloit,
Mout durement s'en merveilla ;
As deus sereurs vint et palla
Ki estoient de remennant,
Et mout les ala confortant ;
Demanda par queu mespresure
Iert avenue ceste aventure,
Et de leur pere et de leur mere,
De leur sereur et de leur frere.   3890
Respondent li : « Nous ne savuns
Meis que de Dieu haïes suns. »
Li preudons leur ha respondu :
« De par Dieu n'avez riens perdu.
Or ne dites jameis ainsi ;
Car Jhesu-Criz ne het nului,
Ainz li poise mout quant il set
Que li pechierres si se het.

Sachiez, par uucvre d'Ennemi
Vous est-il meschéu ainsi, 3900
Saviez-vous riens de vo sereur,
Ki dampnée est à tel doleur,
De ce pechié qu'ele feisoit,
De la vie qu'ele menoit ?
Eles respondent : « Vraiement,
Sire, n'en saviens néent. »
Li preudons dist : « Or vous gardez
De mal feire ; car vous veez
Que de mal feire vient li maus,
Et pour bien feire est li hons saus. 3910
Nous avuns de saint Augustin,
Bien feire atreit la boenne fin.
Qui de mal ne se vieut tenir,
En boen estat ne puet morir. »
Mout bien les enseigne et aprent,
S'eles y ont entendement.
L'ainnée y entendi mout bien,
Trestout retient, n'oublie rien,
Et mout li plut ce que li dist ;
Car li preudons pour bien le fist. 3920
Sa creance li enseigna ;
En Dieu prier bien l'enfourma,
Jhesu-Crist croire et aourer
Et lui servir et hennourer.

L'ainnée y metoit plus sen cuer,
Assez plus ne feit s'autre suer ;
Car quanqu'il li dist retenoit,
Et feit ce qu'il li enseignoit.
Li preudons dist : « Se bien creez
Ce bien que vous dire m'oiez,   3930
Sachiez granz biens vous en venra,
Dables seur vous povoir n'ara.
Ma fille serez et m'amie,
En Dame-Dieu, n'en doutez mie ;
Vous n'arez jà si grant besoig
Que pour vous ne soie en grant soig,
Se vous le me leissiez savoir
Et men conseil voulez avoir ;
Sachiez que je vous eiderei
En Dieu bien et conseillerei.   3940
Or donques ne vous esmaiez,
Que, s'au conseil Dieu vous tenez
Et vous venez paller à moi,
Je vous eiderei, par ma foi !
Ma meison n'est pas loig de ci ;
N'i ha c'un peu, ce vous afi.
N'est pas loig de ci mon estage :
Venez-y, se ferez que sage. »
Li preudons ha les deus puceles
Conseillies, ki sunt mout beles ;   3950

Et l'einnée mout bien le crut
Et ama tant comme ele dut,
Pour ce que bien la conseilloit :
Boennes paroles li disoit.
Quant li Deables ce esgarda,
Mout durement li en pesa ;
Car il certainement quidoit
Qu'andeus perdues les avoit.
Pourpensa soi que engignier
Ne les pourroit ne conchier   3960
Par nul homme qui fust en vie :
Courouz en eut et grant envie ;
Pourpense soi que cel afeire
Par une femme couvient feire.
Au siecle une femme savoit,
Ki sa volenté feite avoit
Et ses uuevres à la foïe ;
A li s'en va et si li prie
Qu'ele voist à cele pucele,
A la plus jeune demmoisele,   3970
Qu'à l'einnée paller n'osa,
Que simple et mate la trouva.
La vielle la meinnée prist,
Demanda-li et si li dist
A conseil comment le feisoit,
Quele vie sa suer menoit :

« Vous ha-ele orendroit mout chiere
Et vous feit-ele bele chiere ? »
La puceleste li respont :
« N'a si courcie en tout le munt.   3980
Pensive est pour ces aventures,
Ki sunt si pesmes et si dures,
Ki ainsi nous sunt avenues
Que nous en suns toutes perdues ;
Ne feit joie li ne autrui.
Uns preudons a pallé à li,
Qui la nous ha si atournée.
Trop est pensive et adolée,
Que ne croit nului se lui non ;
En grant peinne est et en friçon. »   3990
    La vielle dist : « Ma douce suer,
Vous estes bien gitée puer.
La vostre grant biauté mar fu,
Qu'einsi avez trestout perdu ;
Car jameis Joie en vostre vie
N'arez en ceste compeignie.
Meis se vous sentu aviez
La joie as autres, et saviez
Qués deduiz autres femmes unt
Quant aveques leur amis sunt,   4000
Certes, ne priseriez mie
Vostre eise une pomme pourrie ;

Se saviez quele eise avuns
Quant aveques nos amis suns,
Car nous summes en compeignie
Que nous amuns : c'est boenne vie.
Un peu de pein mieuz ameroie,
Se delez mon ami estoie,
Que ne feroie vos richesces,
Que gardez à si granz destresces.   4010
N'est si granz eise, ce me semble,
Comme d'omme et de femme ensemble.
Bele amie, pour toi le di ;
Car dou tout as à ce failli,
Et si te direi bien pour quoi :
Ta suer est ainz née de toi
Et pour li se pourchacera,
[S]i qu'einçois de toi en aura.

. . . .
. . . .

www.ingramcontent.com/pod-product-compliance
Lightning Source LLC
Chambersburg PA
CBHW070416090426
42733CB00009B/1699